陈 琼　朱传方　辜清华　编著

HUAXUE HUAGONG
WENXIAN JIANSUO YU YINGYONG

化学化工文献

检索与应用

第二版

化学工业出版社

·北京·

本书在第一版的基础上,为更好地适应现阶段文献检索的需要,详细介绍了文献基础知识、化学化工专业领域的重点科技图书与期刊的同时,重点介绍了化学领域各类期刊数据库与电子期刊,以及"Web of Knowledge""SciFinder Scholar""Reaxys"等数据库的检索方法。另外,还详细介绍了专利文献检索、"WEB资源"检索等内容。

本书可作为高等院校化学化工专业类学生教材,也可供化学化工专业类技术人员、科研工作者等参考。

图书在版编目(CIP)数据

化学化工文献检索与应用/陈琼,朱传方,辜清华编著.—2版.—北京:化学工业出版社,2015.1
(2025.1重印)
ISBN 978-7-122-22129-2

Ⅰ.①化… Ⅱ.①陈…②朱…③辜… Ⅲ.①化学-情报检索②化学工业-情报检索 Ⅳ.①G252.7

中国版本图书馆CIP数据核字(2014)第245771号

责任编辑:刘 军　　　　　　　　文字编辑:向 东
责任校对:吴 静　　　　　　　　装帧设计:刘丽华

出版发行:化学工业出版社(北京市东城区青年湖南街13号　邮政编码100011)
印　　装:北京天宇星印刷厂
710mm×1000mm 1/16 印张11¼ 字数211千字 2025年1月北京第2版第14次印刷

购书咨询:010-64518888　　　　　　售后服务:010-64518899
网　　址:http://www.cip.com.cn
凡购买本书,如有缺损质量问题,本社销售中心负责调换。

定　价:36.00元　　　　　　　　　　　　　版权所有　违者必究

前　言

本书第一版于 2010 年出版，至今已近五年时间，在此期间，随着计算机的普及以及各种数据库的建立和推广，科研工作者的检索手段和途径有了翻天覆地的变化。为了更好地适应现阶段文献检索的需要，我们对本书进行了适时的修订。

此次修订的指导思想是：在充分发挥第一版特色的前提下，删除一些比较旧的检索方法，增加目前科研领域常用的新检索方法；同时，对全书进行一定的梳理、总结，提升教材的科学性、严谨性。

此次修订的主要变动有以下几点。

（1）对前四章、第八章及附录的内容进行了适当的修改、补充。

（2）将第一版中的"第五章　美国化学文摘"删除，原因是现在一般不使用手工方式对美国化学文摘（CA）进行检索，而且 CA 检索方式存在 11 个月到 3 个月的报道时差。而目前流行的"SciFinder Scholar 数据库"则包含了 CA 的内容，而且可以查询到当天的最新记录。而我们在第二版中对"第六章　SciFinder Scholar 数据库"进行了大量的补充和实例介绍。

（3）增加了目前广泛使用的"Web of Knowledge 的数据库"（第五章）。它是根据 www 的超链接的特性，建立的一个以知识为基础的学术信息资源整合平台，是一个采用"一站式"信息服务的设计思路构建而成的多学科、多种信息类型的数字化研究环境，将各种高质量的期刊、会议、专利、学科网站、Web 学术全文文献以及化合物信息资源整合在同一系统内，提供多个领域中的学术信息，兼具知识的检索、提取、管理、分析和评价等多项功能。

（4）增加了目前广泛使用的"Reaxys 数据库"（第七章）内容。Reaxys 是在 2009 年由著名的贝尔斯坦（CrossFire Beilstein）、专利化学数据库（Patent Chemistry）和盖墨林（Gmelin）整合为一的，包含了 3000 多万个反应、2000 多万种物质、500 多万条文献记录，并且数据库处于不断的更新中。"Reaxys 数据库"在化学反应的查询上具有极大优势。

（5）删除了第一版中目前不常用的"第八章　Dialog 联机检索系统"，增加了更为流行的"第九章　Web 资源"。

本书共 9 章，第五、六、七、九章主要由陈琼编写，其余章节由陈琼对第一版中相关内容进行补充修改。科学技术高速发展、文献信息不断出新，而文献检索是一门经验积累的课程，它需要反复实践和总结，加之编者的水平和对文献编排原理理解上的局限，不当和疏漏之处在所难免，恳请广大读者批评指正。

本书在编写过程中得到华中师范大学化学院领导的关心，我们的学生在本书的插图及校对上付出了很多辛勤的劳动，在此一并向他们致以最诚挚、最衷心的感谢！

编著者
2014 年 11 月于武汉桂子山

第一版前言

化学文献在化学学科的发展中具有极其重要的地位和作用，浩瀚的文献量、丰富的信息汇集保存了人类在化学领域创造的科技成果，贯穿于化学学科发展之中。可以说化学文献信息是启迪化学工作者智慧的钥匙，是掌握和获取化学知识的源泉。因此，文献检索已是化学专业学生的必修课，也是化学工作者必须掌握的基本技能。在信息高速发展的今天，计算机和网络技术使文献检索手段发生了重大变化，它的方便、快速、灵活给文献检索技术注入了新的活力和内容，也使文献检索变得日趋重要。我们的教育不应该只注重给学生一个完整的理论体系，还应当给学生一个获取信息、分析信息的方法。在西方很多国家的高校，在大学高年级学生和研究生学习阶段的重要学习就是如何读文献。每一次的科技报告和作业，留下来的很多都是文献方面的问题。我国教育部自 1984 年就印发了关于在高等学校开设文献检索与利用的课程的通知后，于 1992 年又下达了《关于〈文献检索课教学基本要求〉的通知》，由此我们可以看出文献信息对于培养未来科技工作者的重要性。

编者结合长时间的教学和科研以及图书馆文献信息工作的实践，结合国内外检索系统和检索工具书、文献数据库及其他资料，考虑到网络信息检索、文献数据库检索与手工文献检索的继承性和交互性，以及对在校学生文献基本知识与查阅技能的训练要求和学生在校学习环境和条件，编写了《化学化工文献检索与应用》一书。

本书共八章，第一章主要介绍文献的基础知识，使读者对文献的基本常识和检索途径及方法有一个大致了解。第二章中介绍了科学研究方法和科技论文的写作。第三章主要介绍图书的分类、图书馆与电子图书、化学领域的各类工具书及参考书。文献信息是指导科学研究的基础，而科学研究又能加深对文献知识的掌握。科学研究与文献知识密不可分。期刊是文献信息的重要来源，作为高校化学专业的学生应当对本专业的学术期刊有所了解，对期刊文献数据库应会查阅。在第四章中重点介绍了化学领域各类的期刊、SCI 检索的期刊和网上期刊数据库、电子期刊。纸版的美国化学文摘似乎没有网络系统的 SciFinder Scholar 及 CA on CD 光盘先进，但它是检索美国化学文摘的基础，因此第五章中，仍重点介绍了各类检索的索引和检索方法、著录说明、具体研究课题的检索途径。为配合 CA on CD 光盘在各高校图书馆的应用，在本章中对 CA on CD 光盘的基本检索技能通过检索实例进行了介绍。CA（化学文摘）的网络版数据库 SciFinder Scholar

由于收录内容比 CA 更广泛、更强大，检索方式更现代、检索途径方便，在本书中单独作为第六章介绍。第七章介绍了专利的基本知识、专利的主要文献及检索专利的重要数据库与专利检索方法。联机检索虽是机构与有关职能部门应用较多，但读者在科技研究中也常涉及，因此，在第八章对 Dialog 系统联机检索的基本知识作了介绍。此外，本书后面的附录中介绍了重点化工信息网、与化学有关的 SCI 收录期刊及影响因子、中国科技论文统计源期刊目录、免费专利网、原料和中间体信息网。

科学技术高速发展、文献信息不断出新，而文献检索是一门经验积累的课程，它需要反复实践和总结，加之编者的水平和对文献编排原理的理解上的局限，不当和疏漏之处在所难免，恳请广大读者批评指正。

本书第四章与第六章主要由辜清华编写，其余章节由朱传方编写，本书在编写过程中得到华中师范大学化学院领导的关心，化学院资料室严刚老师的支持与帮助，以及华中师大教务处的教材立项的经费支持，在此表示衷心的感谢！

编者
2010 年 3 月于武昌桂子山

目　录

第一章　科技文献基础知识 1
　一、科技文献的基本常识 1
　　1. 文献的功能与属性 1
　　2. 科技文献的级别 1
　　3. 文献的分类 2
　二、科技文献的检索方法 5
　　1. 科技文献的检索途径 5
　　2. 查阅科技文献的基本原则 6
　　3. 文献的检索方法 7

第二章　科学研究的方法和科技论文的写作 8
　一、科学研究的方法 8
　　1. 科研课题的选题 8
　　2. 科研实验中的基本步骤 10
　二、科技论文的写作与参考文献引证 12
　　1. 科技论文的写作 12
　　2. 参考文献的引证 13
　思考题 14

第三章　科技图书 15
　一、图书的分类 15
　　1. 国际十进分类法 15
　　2. 杜威十进制分类法 16
　　3. 联合国教科文组织分类法 16
　　4. 美国国会图书馆分类法 16
　　5. 中国图书分类法 16
　二、电子图书馆与电子图书 17
　　1. 电子图书馆 17
　　2. 电子图书 18
　三、辞典、手册、工具书及参考书 18
　　1. 辞典 18

2. 手册 ……………………………………………………………… 21
　　3. 大型工具书及参考书 …………………………………………… 25
　思考题 …………………………………………………………………… 29

第四章　期刊 …………………………………………………………… 30
　一、重要化学化工期刊介绍 ……………………………………………… 30
　　1. 综合性自然科学期刊 …………………………………………… 30
　　2. 综合性化学期刊 ………………………………………………… 32
　　3. 综述性化学化工期刊 …………………………………………… 35
　　4. 化学化工各专业主要期刊 ……………………………………… 36
　二、与期刊有关的化学资源数据库 ……………………………………… 46
　　1. 常用化学资源数据库概述 ……………………………………… 46
　　2. SCI 科学引文索引数据库 ……………………………………… 47
　　3. ACS Publications 美国化学会期刊全文数据库 ……………… 51
　　4. RSC Publishing 英国皇家化学会期刊全文数据库 …………… 53
　　5. Elsevier ScienceDirect 爱思唯尔出版社期刊全文数据库 …… 54
　　6. Wiley InterScience 电子期刊全文数据库 …………………… 57
　　7. SpringerLink 施普林格出版社全文数据库 …………………… 57
　　8. 中国期刊全文数据库 …………………………………………… 62
　思考题 …………………………………………………………………… 66

第五章　Web of Knowledge 的数据库 …………………………… 67
　一、概述 …………………………………………………………………… 67
　二、Web of Knowledge 的数据库与服务 ……………………………… 67
　　1. ISI Web of Science …………………………………………… 67
　　2. ISI Current Contents Connect（CCC）……………………… 68
　　3. Derwent Innovations Index …………………………………… 68
　　4. ISI Proceedings ………………………………………………… 68
　　5. INSPEC …………………………………………………………… 68
　　6. BIOSIS Previews ………………………………………………… 68
　　7. ISI Chemistry …………………………………………………… 69
　　8. Journal Citation Report（JCR Web）………………………… 69
　三、Web of Knowledge 的检索 ………………………………………… 69
　四、ISI Web of Knowledge 检索方法实例 …………………………… 72
　　1. 查找某个主题相关的高影响力文章 …………………………… 72
　　2. 获取特定专业某方向的研究现状 ……………………………… 72
　　3. 了解某位科学家有多少篇论文被 SCI 收录，被别人引用情况如何，
　　　　主要方向是什么等 ……………………………………………… 73

  4. 查询自己的论文（或某一重要论文）引用情况 …………………………… 77
  5. 获取某一领域的 Top10 期刊信息 ……………………………………………… 78
  6. 检索某一化学结构的化合物是否为新化合物 ………………………………… 79
 思考题 ……………………………………………………………………………………… 87

第六章　SciFinder Scholar 数据库 ………………………………………………… 88
 一、SciFinder Scholar 简介 …………………………………………………………… 88
  1. SciFinder Scholar 的主要栏目 ……………………………………………… 88
  2. 通过检索 SciFinder Scholar 可获取的信息 ………………………………… 89
  3. SciFinder Scholar 的检索信息 ………………………………………………… 89
 二、SciFinder Scholar 的检索方法实例 …………………………………………… 90
  1. 文献检索 ……………………………………………………………………… 91
  2. 物质检索 ……………………………………………………………………… 96
  3. 反应检索 ……………………………………………………………………… 107
  4. 检索结果及其分析/限定功能 ……………………………………………… 107
 思考题 …………………………………………………………………………………… 111

第七章　Reaxys 数据库 …………………………………………………………… 112
 一、Reaxys 数据库简介 ……………………………………………………………… 112
  1. CrossFire Beilstein …………………………………………………………… 112
  2. Patent Chemistry ……………………………………………………………… 112
  3. CrossFire Gmelin ……………………………………………………………… 113
 二、Reaxys 数据库功能介绍 ………………………………………………………… 113
  1. Reaxys 的检索（Query） …………………………………………………… 113
  2. Reaxys 的结果显示（Results）及输出（Output） ……………………… 114
  3. Reaxys 的合成设计（Synthesis Plans） …………………………………… 115
 三、Reaxys 的检索方法实例 ………………………………………………………… 116
  实例 1　寻找抗紫外线防晒霜原料 …………………………………………… 116
  实例 2　查找三氟甲基苯的红外光谱 ………………………………………… 117
  实例 3　硝磺草酮合成路线设计 ……………………………………………… 119
  实例 4　Suzuki 偶合反应制备取代联苯文献检索 …………………………… 120
 思考题 …………………………………………………………………………………… 122

第八章　专利 ………………………………………………………………………… 123
 一、概述 ………………………………………………………………………………… 123
  1. 专利的性质和保护内容 ……………………………………………………… 123
  2. 授予专利的条件与专利的申请办法 ………………………………………… 123
  3. 专利说明书 …………………………………………………………………… 124

  4. 专利的审批制度 ………………………………………………… 125
 二、美国专利 ………………………………………………………… 125
  1. 美国专利的特点及分类 ………………………………………… 125
  2. 美国专利说明书及著录说明 …………………………………… 126
  3. 美国专利商标网站 ……………………………………………… 127
 三、欧洲专利 ………………………………………………………… 135
  1. 欧洲专利说明书 ………………………………………………… 136
  2. 欧洲主要国家的专利制度及检索入口 ………………………… 136
  3. 欧洲专利检索方法 ……………………………………………… 137
 四、世界知识产权组织 ……………………………………………… 143
  1. 世界知识产权组织简介 ………………………………………… 143
  2. 专利检索方法 …………………………………………………… 143
 五、德温特专利检索体系 …………………………………………… 149
 六、中国专利 ………………………………………………………… 150
  1. 中国专利文献 …………………………………………………… 150
  2. 中国专利数据库 ………………………………………………… 152
  3. 中国专利查询举例 ……………………………………………… 152
 七、专利下载方法 …………………………………………………… 156
  1. 美国专利下载 …………………………………………………… 156
  2. 欧洲专利下载 …………………………………………………… 157
  3. 中国专利下载 …………………………………………………… 157
 思考题 ………………………………………………………………… 158

第九章　Web 资源 ……………………………………………………… 160
 1. Google 学术搜索 …………………………………………………… 160
 2. 维基百科 …………………………………………………………… 160
 3. PubMed …………………………………………………………… 160
 4. 小木虫学术科研论坛 ……………………………………………… 162
 5. PLoS Journal（科学公共图书馆期刊）………………………… 162
 6. 开放获取课件 ……………………………………………………… 162
 思考题 ………………………………………………………………… 163

附录　重要的化学信息网 ……………………………………………… 164

参考文献 ………………………………………………………………… 168

第一章 科技文献基础知识

一、科技文献的基本常识

1. 文献的功能与属性

文献是记录知识内容的信息集合体,是人类进步和发展的经验总结,是科技情报的源泉。文献有三大属性:知识性、记录性、物质性。知识产生离不开信息及信息的传递,经过思维加工处理被证实是正确的信息就是知识。而文献则是信息、知识和情报的唯一载体。由于介质不同,记录知识等的方式和手段不同,由此文献是采用不同的手段如以文字、图形、符号等通过排版印刷记录于纸张上或用光、电等信号通过数据转换、借助于计算机把知识记录于磁带、磁盘、光盘等介质上。因此,文献按载体形式可分为印刷型、微缩型、声像型、机读型、手写型等。文献具有两个基本功能。

(1) 继承功能　一切新的知识的产生都是在前人的发现、发明、知识总结的基础上产生的,没有道尔顿的《化学原理的新体系》的传世之作,化学难以成为一门独立的学科。从元素的发现、性质、反应、反应规律、反应机理的探讨,到今天化学在各个领域中的应用,都记录着当时的文献背景,化学就是在总结这些文献的基础上进一步探索而发展起来的。可以说文献正是通过汇集并保存人类创造的一切科学技术成果,成为传世和继承的媒介,这种媒介无所不在,贯穿于人类发展的历史长河之中。

(2) 传递交流功能　文献是传递交流信息知识的主要媒介,由于这种交流,往往使异地相隔的科学研究者成为密友和合作伙伴,也是由于这种交流,使研究者和科学管理者们密切注意各国在各科学领域的发展动向,从而决定自身的科研政策、研究方向、布局、步骤和方法,大大地促进了科学的向前发展。

2. 科技文献的级别

根据文献传递知识、信息的质和量的不同及加工层次的不同,人们将文献分为零次文献、一次文献、二次文献、三次文献。

(1) 零次文献　零次文献指未经正式发表或未形成正规载体的一种文献形式,如书信、手稿、笔记、会议记录等。零次文献一般通过口头交谈、参观展览、报告会等途径获取。零次文献能弥补一般公开文献从信息的客观形成到公开传播之间费时的弊病,且内容上具有一定价值。

(2) 一次文献 一次文献也称原始文献，直接记录科研与开发及生产中的新发明、新创造、新技术、新知识的原始论文，习惯上称为第一手资料，它是科学工作者经常阅读的主要文献。这类文献主要包括期刊、科技报告、专利说明书、会议论文、学位论文等。这类文献有文摘、索引、题录、目录。一次文献具有创造性、新颖性、先进性等特点，具有参考借鉴的价值，但数量庞大、发表分散、难以查找。

(3) 二次文献 二次文献是对一次文献加工整理的产物，也称检索工具。指将分散的、无组织的一次文献进行加工整理，提供有规律的检索途径。二次文献是科研人员进行文献检索的主要工具和手段。

(4) 三次文献 指在选用一次文献的基础上经重新组织、综合分析而编写的文献。这类文献主要包括综述性报告、进展和评述、数据手册、年鉴、百科全书等。三次文献集中了某一领域的大量信息，对该领域的发展历史、现状及趋势都有较系统的介绍，是获取信息十分有效的途径和手段。

3. 文献的分类

科技文献的出版类型主要包括：期刊、图书、专利、科技报告、会议文献、学位论文、技术标准、产品资料、电子出版物和联机系统、政府出版物等。

(1) 期刊 期刊（Periodicals）亦称杂志（Journal 或 Magazine），为定期或不定期的连续出版物，因此又称之为连续出版物（Serials）。期刊的内容一般是围绕某一主题、某一学科或某一研究对象，由多位作者的多篇文章编辑而成，用卷、期或年、月顺序编号出版。现在，正式出版的期刊通常都有 ISSN（International Standard Serial Number）。期刊中所发表的论文多数是一些首次发表的第一手情报知识，许多新的成果、观点往往首先在期刊上刊登，内容较为新颖、丰富，它的发行与影响面广，能及时反映水平动向。

截至 2007 年 4 月底，中国期刊总数已达到 9468 种。具有高知名度、高学术水平的约 50 种，称"双高期刊"；而获国家期刊奖、国家期刊奖提名奖的期刊约 100 种，称"双奖期刊"；通过每两年一届评比产生的百种重点社科期刊、百种重点科技期刊约 200 种，称"双百期刊"；而每年在这 9000 多种期刊中评选出约 1000 种为优秀科技期刊。国际期刊或外文期刊一般以 SCI 影响因子进行评定。

期刊包含一、二、三次文献。化学领域的期刊很多，据 CA 报道，1996 年，CA 中摘录的期刊有 18000 多种。期刊在科技信息来源方面占有很重要的地位，它和专利文献、科技图书三者素有科技文献三大支柱之称。

在原始性期刊中发表的论文通常有三种：论文全文（Paper）、简报或摘记（Note）和通讯（Communication or Letter）。论文通常分为研究性论文与综述性论文。研究性论文全文通常包括摘要、关键字、前言、实验、简要的结论和结果讨论等部分；而综述性论文一般是对某一研究领域的进展进行评述。简报的内容不如论文有分量，重点在实验部分，前言、结果和讨论都很简短。通讯对那些即将发表的论文中特别重要的问题予以抢先报道，因而反映新思想。关于国内外各类期刊的数据库或网址将在"第四章期刊"中详细介绍。

（2）图书　图书是对已发表的科技成果、生产技术知识和经验的概括论述，而不直接记录科研、生产的成果，一般来说它是经过总结和重新组织的三次文献。现在，正式出版的图书均有 ISBN 号（International Standard Book Number）。图书的内容从时间上看，它所报道的知识比其他类型的科技文献要晚，通常不反映最新的科技情报。但是，图书中所提供的资料比较系统、全面，是一种较成熟的科技资料。

（3）专利　世界上许多国家和地区都实行专利制度。通常我们所说的专利文献，是指向专利局申请专利时所呈交的一份详细说明发明的目的、意义、特点用途的书面技术文件——专利说明书。专利说明书有各种形式：发明专利申请公开说明书；发明专利审定说明书；专利公报等。全世界发明创造成果约 90%～95%首先公之于专利文献，故它是获取新技术最快、最重要的技术信息资源。主要检索工具有：①中国国家知识产权局专利检索数据库（http://www.sipo.gov.cn）；②欧洲专利局（http://ep.espacenet.com/）；③美国专利商标局专利数据库（http://www.uspto.gov）；④日本特许厅专利数据库（http://www.jpo.go.jp）等。

（4）科技报告　科技报告是科学研究过程中的一种技术性资料。科学研究或承担单位向为其提供经费的部门反映研究过程、阶段进展情况的备忘录或报告，以及工作最终成果的正式技术文件。科技报告涉及的研究课题可以分为生产技术与理论研究两个方面，其类型包括技术报告书、技术备忘录、札记、通报等。它是科技工作者围绕某一专题从事研究所取得的进展情况和结果的记录，也是科技人员用来交流自己的开发和研究活动成果的重要手段。科技报告具有保密性，它所报道的科技研究成果，要比期刊论文详尽。它可以是成功的记录，也可是失败的记录，常常还附有大量图表及原始数据等。科技报告在文字上比较随意，没有固定周期，其报告一般采用分别出版单行本的办法提供使用。为便于管理和检索，每件报告都编有一定的带有研究机构代号的流水号（报告序号）。如 NASA 报告源于美国国家航空航天局英文名首字母（National Aeronautics & Space Administration），NASA 报告始于 1958 年，它是一种综合性的科技报告，除航空航天外，还涉及机械、化工、电子、天体物理特殊性相关学科。

网址：http://www.sti.nasa.gov/sti.pub.html

（5）会议文献　会议文献就是学术会议上所提交的论文。发表过的论文不能参加学术会议，而会议上提交的论文还可正式发表，学科领域中的重大发现与创新性的成果往往在会议上先发表。据有关部门统计，全世界每年召开的科技会议有一万个左右，参加科技会议不仅能得到会议的文献，更重要的是可以通过会议中的交流了解正在进行中的科学研究的动向。

科技会议文献是报道科技成果的主要形式，它的专业性强、内容新颖。美国化学会每年两次年会，会议的论文摘要（Abstracts of National Meeting of American Chemical Society）就是很有价值的文献资料，具有相当高的引文影响因子。由于科技会议的分散性与不规则性，会议文献大多为非正式出版物，通常只有会议代表能得到，不易收集。会后文献是主要的会议文献，通常为专家审定后录用的论文的正式出版物。我国收藏会议文献的主要单位有中国科技信息研究所、中国科学院文献情报中心以及各大型图书馆。如：中国科技信息研究所主编的《中国学术会议论文库》（CACP）可在网上查阅（http://www.chinainfo.gov.cn）；美国科学情报研究所编辑的《科技会议录》（Index to Scientific & Technical Proceedings，ISTP）是当前报道重要国际会议论文的权威性刊物。

（6）学位论文 学位论文是高等学校或科研单位的研究生为取得某种学位而撰写的研究性论文。学位论文在英国称为 Thesis，在美国称为 Dissertation。学位论文从内容上看，一般都参考了大量国内外文献资料，对研究的课题有详细的记述和论证，一些优秀的学术论文的主要部分通常会在期刊上发表。

（7）技术标准 技术标准主要是对工农业产品和工程建设的质量、规格、技术要求、生产过程、工艺规范、检验方法及其计量方法等方面所作的技术规定，反映了当时的技术水平及政策，是从事生产、建设的一个共同的技术依据，是一种规章性的文献，具有一定的法律约束力。标准的新陈代谢较为频繁，随着经济条件和技术水平的改变，需要不断修订，或以新代旧，过时作废。标准文献常以单行本发行，主要的检索工具是标准目录，一般采用专门的分类体系。每一件技术标准都是独立、完整的资料，并编有一定的标准代码与编号。在化学领域的标准中，对各种化学品的规格均有详细规定，这些规定是产品的质量检验标准。

根据国际标准化管理条例，我国标准分为国家标准、行业标准、企业标准，我国国家标准均冠以 GB（Guo Biao 的汉语拼音首字母）—，行业标准的代码多以主管部门的汉语拼音的两个首字母表示，企业标准一般是 QB。涉及中国国家标准的主要文献有《中华人民共和国国家标准和行业标准目录》、《中国国家标准汇编》、《中国国家标准分类汇编》等，检索工具有中国标准网（http://www.zgbzw.com），中国标准咨询（http://www.chinastandard.com.cn）等。国际上最重要的标准化组织为 ISO（International Standard Organization），所以通常称国际标准为 ISO。涉及 ISO 的文献主要有《国际标准化组织标准目录》（ISO Catalogue），是检索 ISO 标准的主要工具，为年刊，以英、法两种文字出版。

网址：http://www.iso.ch/VL/Standards.html；http://www.iso.ch/cate/cat.html

（8）产品资料 产品资料主要是产品目录或产品说明书。由于产品资料的来源不稳定，收集困难，规格不一，因此难以妥善管理，这对产品资料的利用产生了不利影响。在化学领域,许多公司(如 Merck、Alderich、SIGMA 等试剂公司)都提供自己的化学品目录。此外期刊之中的广告也是了解产品信息的重要来源。

(9) 电子出版物和联机系统　随着信息技术的发展,电子出版物和联机系统在文献中的地位越来越重要,发展十分迅速。最初的电子出版物产品的载体是磁带,它们是作为书本式检索工具的副产品而出版发行的。现在,二次文献的编辑出版机构已经把机读产品作为竞争和发展的主要目标。当前,电子出版物的主要形式是光盘,光盘出版物已经从单纯的检索型发展到全文型和多媒体型。最近,电子出版物已经发展到直接在网络上出版。商用联机检索系统(如 Dialog 系统:http://www.dialogweb.com;STN 系统:http://stnweb.cas.org 等)已有近三十年的历史,而 Internet 中众多的数据库更大大丰富了联机系统的内容(如 yahoo,baidu,google 等搜索系统)。联机系统中除了检索性的文献数据库、数值数据库、事实数据库以外,还有全文数据库。全文数据库有全文图像数据库和全文文本数据库。

二、科技文献的检索方法

1. 科技文献的检索途径

文献检索途径一般分为两大类:一类是文献的外表途径,如著者途径、序号途径、文献名途径、引文途径;另一类则是内容途径,如主题途径、分类途径。

(1) 著者途径　著者途径是根据已知作者的姓名来查找文献,如著者目录、作者索引。

(2) 序号途径　序号途径是依据某些类型的文献出版时所编的号码顺序来查找文献。如标准号索引、登记号索引、专利号索引等。

(3) 文献名途径　文献名途径是根据文献所出版的如书名、刊名、篇名等来检索文献。

(4) 主题途径　主题途径是指依据所需文献的主题内容来检索文献,如主题索引、关键词索引等。

(5) 引文途径　利用引文而编制的索引系统称为引文索引系统,它提供从被引论文去检索引用论文的一种途径,称为引文途径。

(6) 分类途径　这是按科学分类体系进行查找,这类检索工具有分类目录、分类索引等。

(7) 其他途径　除以上途径外,在检索工具中还编有一些各自独特的检索途径,如依据化合物分子式检索的分子式索引,依据文献名称检索的刊名索引,书名索引,依据出版类型、出版日期、国别、语种等。

2. 查阅科技文献的基本原则

(1) 掌握部分文献检索工具

① 目录、题录与摘要　目录是对图书、期刊或其他单独出版物特征的揭示和报道；题录是对单篇文献外表特征的揭示和报道，著录项目一般有篇名、著者、文献来源、文种等；摘要是以单篇文献为报道单位，是论文的核心，具有著录一次文献的外表特征。

② 索引、书评与文摘指南　索引是揭示各种文献外表特征或内容特征的系统化记载工具，能快速指导读者查阅出二次文献与一次文献；书评是以综述或专题形式反映课题研究领域的进展动态和水平并加以评述，使读者能快速掌握这一领域的背景资料与研究状况；文摘指南主要包括某学科领域主要图书、期刊及其他类型文献的状况及检索方法，使读者能快速掌握各有关检索工具的使用方法。

③ 几种重要的数据库　化学领域重要的数据库，国内主要有中国期刊网、重庆维普网、中国专利网、化工信息网、中国知网（CNKI）、万方数据库、中国知识产权信息网。国外主要有 SciFinder，Elsevier（检索入口：http://www.sciencedirect.com/），Springer，William，Science Online，Academic Search Premier（检索入口：http://search.ebscohost.com）。

④ 几种检索性期刊　对化学领域主要有 CA 手工版或 ACS 网络版检索，也可从 Scitation (http://scitation.aip.org/) 检索平台或 SCI（检索入口：http://isiknowledge.com/wos）检索。此外根据各人的专业和实际情况可再确定 1~2 种与自己工作有关的以浏览为主的专业性检索期刊进行查阅。

⑤ 利用 www 与计算机文献检索系统　用 www 来检索化学资源具有检索速度快、检索方法方便、快捷、检索途径入口点多及相互交流的特性，能及时、动态地得到网上许多重要信息资源。而计算机文献检索系统能了解一些重要的联机检索系统的基本命令；Internet 的访问方法（如 internet 浏览器的使用）和重要 Internet 地址，重要光盘数据库的使用以及如何利用计算机系统的定题服务（SDI）。

⑥ 参考工具书　参考工具书包括百科全书、专业学科全书、年鉴、手册、指南、词典综述、评述、索引、文摘等。在化学领域，有 Beilstein、Gmelin Handbook、Dictionary of Organic Compounds 和 CRC 的手册系列等。

(2) 确定自己必须随时跟踪浏览的重要期刊　重要刊物通常包括以下几类。

① 权威性刊物　如 J. Am. Chem. Soc.，Chem. Rev.，Acc. Chem. Res.，Angew. Chem. Int. Ed.，Nature 和 Science 等。

② 有关专业刊物　如有化学领域的 JOC 和 Tetrahedron Letters 等，可根据不同的领域分别选择。

③ 消息性刊物　如 C&E News，Science News。

④ 科普性刊物　如 Sci. American。

(3) 阅读文献时注意参考文献的引证　不管是浏览核心期刊,还是用检索工具进行检索,都不能确保文献查全,因此在阅读文献时,注意该文献引用的参考文献是确保查全的重要补充。

3. 文献的检索方法

文献的检索方法主要包括直接法、追溯法、循环法和工具法。

(1) 直接法　又称常用法,从浏览原始文献中直接查出与课题相关的文献线索,依据文献线索查原始文献,如文献的作者、篇名、出版年月、来源期刊等。用户也可以通过输入化合物中英文名称、分子式、化合物形态、化合物类型这些检索入口进行直接检索。直接法又可分为顺查法、倒查法和抽查法。顺查法指按照时间顺序,由远及近地查找;倒查法指由近及远,从新到旧,逆着时间顺序查找;抽查法指针对所查目标的特点,选择有关该目标的文献信息最可能或最多出现的时间段进行查找的方法。

(2) 追溯法　依据文献所附的参考文献为线索查找文献的方法。

(3) 循环法　又称分段法或综合法,它是交替使用直接法和追溯法,以期取长补短,相互配合,获得更好的检索结果。

(4) 工具法　利用文摘和索引等检索工具进行检索,具有快速、方便的优点。通过对它们的检索可了解其研究主题和内容要点,明确是否进一步寻求原件。另外文献浩繁,索引和文摘简要、概括,可以节省大量时间和精力。同一种内容的纸质载体形式、磁盘载体形式或光盘载体形式的,大型检索工具应优先选择磁盘或光盘载体形式;对于专门性的检索工具和综合性的检索工具应优先选择使用专门性的检索工具;检索最新最近的文献信息,应选择反映文献信息最快捷的检索工具。

第二章 科学研究的方法和科技论文的写作

一、科学研究的方法

科学研究，广义地说，就是在科研理论的指导下，通过一定的科研实践，去创造知识和综合整理知识的过程，使科学技术在现有水平上更进一步。

科学研究必须具有原始性与创新性，所以它是一种创造性劳动。科学研究的成功与否，是以取得新的结果是否有创新性与先进性作为衡量的标准，这种新的结果可能是新发现、新理论、新的研究方法或实验方法、新工艺、新应用等。科学研究的方法很多，这里主要对自然科学实验研究中的方法进行简单的描述。

1. 科研课题的选题

科研选题是在总结前人科学研究的基础上提出新的问题和新的设想以及实现这些设想的可能性，从而通过自身的实际研究推动这一领域的科学进步。有创见的研究课题的提出，往往成为科学发展和取得成果的生长点或指路标。

（1）选题原则

① 科研选题必须具有创新性与先进性　科学研究的核心在于其创新性，它主要体现在必须是要解决前人没有解决或没有完全解决的问题，有自己的独创之处。如果是理论研究就要求有新的理论与观点并得出新的结论；技术研究就要求发明新技术、新产品、新材料、新的实验方法与测试方法或者新的应用领域。课题除具有创新性外，还必须具有先进性，在理论上它必须对这一领域的研究与开发具有指导作用，在实际应用上它必须能服务于社会，满足市场需要且具有好的经济效益与社会效益。

科研活动的最终目的是满足日益增长的生产和人们生活不断改善的需要，因此科研选题必须以生产为基础，以市场为导向，为生产服务，从社会和经济发展的根本需要出发，研究和解决目前的和长远的生产建设中的各种科学理论与生产技术问题。

② 选题必须注意实际性　联系实际主要是联系国家的实际、工作单位的实际、研究者本人的实际和科学技术发展的实际。应该分析一下选题对于发展经济有没有意义，在我国现在和不久的将来要达到的生产技术水平的情况下有没有必要和可能，在自己工作单位的人力、物力条件下有没有完成的可能性，在整个科

学技术发展的现阶段有没有现实性。某些科学研究,在一些国家是大力发展的,而在另一些国家是不应发展的;有些研究课题条件苛刻、设备复杂、耗费大,这对有些企业是可能的,而对有些企业是不能的;有的人擅长理论研究不一定非选定实验研究课题,有的人擅长实验研究,就不一定非选理论研究课题不可。

③ 选题必须考虑科学上的可行性　尊重科学实际、尊重科学原理是每一个科研工作者必须遵守的原则。如:化学反应是否可行、路线设计是否合理、是否符合环保法规、是否具有经济上的可持续性。任何研究课题的选择都必须是在总结和发展过去与此有关的科学领域的科学实验成果和理论思想的主要遗产的基础之上。这就要求在选题时,必须了解前人对该课题所做的有关工作,以及与之有关的理论和研究方法。

④ 选题必须抓住关键性的时机　时机主要是指市场机遇、政策导向、有价值的实验机遇。此外,选题还必须考虑研究者个人的具体情况,即本人所具备的条件、特长与兴趣、所处环境的科研平台、实验基本设备、资金、前期的基础工作,甚至于还包括身体、年龄、社会背景和社会基础。

(2) 调查研究

① 历史和现状的调查　不论做什么课题,动手研究之前都应调查清楚它的历史和现状。它主要包括:对于类似的或者相关课题别人已经做了哪些工作?已经解决了哪些问题?通过什么方法解决?还存在什么问题?为什么这些问题还没有解决?已经得到了什么结论?这些结论是否真正可靠?所存在的问题中,哪些可能是现象性的或者是由于实验方法不合理和设备不准确造成的?哪些则是事物的本质规律性所决定的?等等。这种调查不仅可以逐步找出问题的核心,明确主攻的方向,初步形成解决问题的办法和技术路线,还可以借鉴别人的经验和成果,避免重复别人的劳动,也可从中汲取别人的教训,少走弯路。

② 实地考察　对于一种新的产品的确立和研制或者某一产品开发出新的用途的课题,首先应进行市场调查,它包括市场容量、销售前景。如果该课题所研究的成果需要在某公司或机构实施,或课题由公司提出,首先必须调查清楚该部门在同行业中所处的地位、所具备的生产条件、环保设施、交通与能源、技术力量、资金来源。其次,还必须了解该部门现在的生产状况、产品销售情况及财政收支情况。这些不仅能为研究者争取主动,而且还可以使研究工作真正走在生产的前面,与该厂条件紧密结合。

③ 文献调查　实地调查是搜集资料的一种重要方法,而另一种常用的方法就是查阅期刊文献及文献数据库。充分利用各大图书馆提供的文献数据库与专利网站、文摘、文献目录、索引、报刊、期刊索引等进行查阅。如化学类的SciFinder, Springer, Elsevier, William, Science Online 等。通过这些数据库,读者可以从不同的途径了解到哪些科研人员或研究小组正在做或做过与自己课题有关的研究工作,然后筛选出自己感兴趣的原始文献。通过阅读已搜集到的原始

文献，进一步选择性地搜集每一篇文章中所引用到的参考文章。这样继续下去，就可在较短时间内了解到自己所做课题的进展情况，建立起自己研究工作所需要的一套资料目录。在文献调查中特别要注意查阅一些与该课题相关的领域的有关的评论或综述（Review），如化学研究中常常要注意查阅：化学进展、化工进展、Chem. Rev.，Chem. Soc. Rev.，以及各专业期刊中的综述与评论。阅读这些评述能迅速地了解到前人在此领域的研究进展情况、研究的方法与特点、得到的结论与存在的问题。由此，在研究工作开始的初期，对全部有关的文献做充分的研究，反而会大大节省自己研究工作的时间。

④ 资料的整理　在研究者已经掌握了大量的有关资料后，应把大量资料加以整理、分析、归纳。如果是理论文章，应注意到文章所提出的新的理论和观点是什么？这些新的理论的哪些部分继承了过去的理论？哪些是创新的理论？这些新理论或观点是否正确？是否对本领域的科研或产品开发的实施具有指导意义？是否对社会或经济的发展具有推动作用？如果是实验方面的研究论文，应该考虑到：与原来同类型的实验研究相比，有哪些创新与先进性？它是否能用原有的理论加以解释？论文的作者是如何解释的？所用的实验设备和方法是否可靠？测试或鉴定方法是否规范？结论是否正确？经过这样的资料整理，最好以资料评论或文献报告的形式结束初步的调查研究，明确自己的研究目的、方案、突破口及工艺技术路线的选择。

⑤ 研究方案的制订　经过充分的调查和资料整理、分析归纳之后，就要制订自己的课题的研究方案，大致可分为下述几方面的内容：本课题的研究目的和意义，研究内容和技术关键，完成此课题拟采取的技术方法和工艺路线，技术关键、完成此课题所需的设备、材料以及具备的条件和准备工作情况，研究计划及进展和预期达到的目的。此外，还要预计要完成此课题存在的困难与问题以及解决的方法。

2. 科研实验中的基本步骤

为了顺利地进行科学实验，并且力求多快好省地获得可靠的实验结果，研究者必须充分地重视科学实验的准备工作，这种准备工作主要包括理论上的准备、实验方案的设计和器材的准备。

（1）理论上的准备　科学实验是人们一种有目的的实践活动，但它必须以先进的科学理论作指导。一个客观的实际的现象或过程，往往包含着许多的自然规律。而我们所研究的对象和过程，包含有人们尚未发现或尚未认识的规律。设计一个合理的反应路线、一个正确的分析方案，要求我们用已经学习过的理论去分析所要做的科研和实验是否有着一定的理论基础和依据；预计的实验结果是否有着新的理论和规律，对这些结果加以解释。

（2）实验方案的设计　设计实验时，首先应参考别人的工作，即从文献中找出类似的方法，取其有用的部分或分析别人的实验是否正确，是否有重现性，它的优点和缺点在哪里。自己设计的实验与别人相比，有哪些优点，是否有自己的创新或改进。此外，要结合自己所在单位的科研平台分析所设计的实验是否超出现有的条件，自己设计的实验其原料和器材是否易购、价值是否超出自己的经济条件、工作时间能否间断、分离测试是否容易。

（3）器材的准备　实验前必须检查实验中所需的仪器是否准备好，测试仪器、仪表应首先校准，容易破损的仪器应能及时补充。要落实原料的购置，其中包括原料的产地、规格、价格、运输所需时间。对所需的原料还应查出它们的物理性能，并用适当的方法加以检定原料是否合格。如果是有毒、易挥发、易燃的原料，应查阅其注意事项，在操作前应按要求准备好安全设施。

（4）实验过程中的观察与记录　科学实验的目的就在于借助适当的工具和方法观察并记录未知或不十分明了的事实。法国生理学家把观察分为两种类型。第一，自发观察或被动观察，即意想不到的观察。许多重要的偶然发现都是这样取得的，如德国化学家埃米尔·费歇尔（Emil Fischer，1852—1919），他在指导拜尔的博士生将 4,4′-二硝基联苯合成对联苯酚时，意外地发现了苯肼。英国生物学家弗莱明（Fleming A.，1881—1995），在研究葡萄球菌变异时，意外地发现青霉素的培养液能杀灭葡萄球菌或抑制其生长，这种具有抗菌性能的青霉素培养液就是青霉素。此外，巴斯德（Pasteur L.）在研究酒石酸钠铵时发现对映异构体。第二，诱发观察或主动观察，即有意识安排的观察。通常为了验证一个假说或一个实验事实、实验现象而进行的观察。正确的观察方法介绍如下。

① 在进行实验时，要聚精会神地密切注意全部细节，对于所观察的各种现象和实验中的每一个细节都应详细地做好记录，除记录实验细节所伴随发生的现象外，还应记下实验日期、温度、原材料及仪器的规格和型号、实验操作的步骤。对于观察的现象如果不明确或者是短暂、模糊的现象，必须使其重复多次。

② 进行实验观察时要注意选定范围，特别是决定实验成败的关键步骤中所出现的现象，如果事先没有选定观察重点，而是对实验的一系列过程平分秋色，就可能忽略所需观察的重点，结果一无所获。当然如果仅仅注意那些预期的事物，就又可能错过一些预料之外的现象，这就要求观察者注意搜寻各种值得追踪的线索，以免在出于先入之见的搜寻预期的特征和现象时，忽略了其他的情况。

③ 观察中要积极思考、多疑、善思。实验观察的过程中要用积极的思维去分析实验中的现象，并把这些现象与已知的事物或过去经验中的有关知识自觉地联系起来，由此及彼、由表及里、去伪存真。

（5）实验结果的评价和分析整理　研究者在评价和整理自己的实验结果时，必须以实验给出的事实材料为依据，切忌主观偏见或受其他文献结论的影响。对于数据的处理，应采取审慎的态度。无论是以曲线、表格、图解或数学的方法处理，都不能漏掉或删除某一个数据，即使是某一个或几个不符合某种规律，都不应轻易处理掉，而应对此不符合某种规律的数据进行重复性实验，若实验结果确实如此，应从理论上解释它的特殊性。对于有条件限制的实验结果的适用范围，必须有客观的估计，下结论时应十分小心谨慎。对于某种条件下的客观规律，不应当作普遍规律。

二、科技论文的写作与参考文献引证

1. 科技论文的写作

科技论文常因学科不同，研究项目、过程和结果不同等，可以有多种写作方式和体裁结构。因此，很难列出一切科技论文共同遵循的千篇一律的文体结构。这里只把常见论文的项目按一般的逻辑顺序逐一加以探讨。

（1）标题　标题的选择对一篇文章来说是很重要的，一篇论文的标题不仅要简单扼要说明文章内容，而且要体现文章的内涵和重要性。这就要求一个标题既不要过于概括，以致流于空泛、一般化；也不宜过于烦琐，使人得不出鲜明印象难以记忆和引证。如果是英语标题，每个重要词的第一个字母都应大写。

（2）摘要　每篇论文的摘要一般在50～300字内，简短清晰地反映出内容和工作结果。摘要给读者一个很深印象，就是即使不依靠文章主体，也能对文章的内容一目了然。摘要一般包括下述内容，研究目的、简短的过程、突出的成果。摘要如以英文表达，应使用正规、标准术语，人称一般用第三人称，时态不宜混淆使用，也避免把陈述式和命令式掺杂使用。一般说来，最有影响的化学杂志对摘要写作有些共同要求。

要说明实施或论证中新观察的事实、结论、可能时，还要说明新的理论、处理方法、仪器、技术等要点。

要说明新化合物的名称、新数据，包括物理常数等。

在说明实验结果时，要说明采用的方法。如是新方法，还得说明基本原理，操作范围和准确度。

（3）引言　引言的目的是给出作者进行本项工作的原因，为什么要研究这个课题，想解决什么问题，前人对此问题做了哪些工作，解决到什么程度，明确指出还有哪些问题遗留下来没有解决。因此应给出必要的背景材料，以便让编审人员对作者的研究与文献所报道的工作作一比较，确定作者所做的工作是否有其特点与创新，也可以让读者能够更多地了解这一领域的研究状况与进展情况。引言应言简意赅，不要与摘要雷同，对于在这一领域的研究者所了解的知识，在引言中不必赘述。引言中要说明本文的研究目的、研究结果、主要的研究特点与创新之处。

（4）工作方法　工作方法（即正文）是科技论文的主体，是体现研究思想、工作方法和学术水平的主要部分。该部分要求作者详细完整地阐明自己的研究工作。如果是理论工作，则应明确地阐述立论的前提、依据的实验材料或方法和手段、自己提出的简化假设或模型以及主要的推理或数学演算的方法与步骤。如果是实验研究工作，则应介绍实验原理或反应路线、所需的实验材料、实验设备。介绍实验用的材料与设备时，不仅要充分详尽地说明使用的材料的规格、型号，还要介绍供应者的单位或地址。在实验操作步骤中，仿照别人的方法做的实验研究工作，只简单地说明所参考的文献就可以了。论文中只详细地叙述自己的改进部分。如果是论文作者自己设计的实验，那么应该充分地说明实验研究和方案设计的理论依据、实验装置图或实物照片以及工作条件和操作的详细步骤。

（5）结果与讨论　实验和观察的数据资料结果是论文研究工作的中心，这些数据资料通过数理统计和技术处理，可以用照片或图像、数据或表格予以说明。如果是合成的某一化合物，则应予以表征。如沸点、熔点、折射率、IR、NMR、元素分析等，如果合成的是一种高分子材料，则应有 X 射线衍射、扫描电镜、透射电镜、GPC、粒径、DSC 及其他机械性能测试说明。根据所研究的结果，用简洁明晰的语言表达出自己在研究工作中所得到的结论。对于所给出的结论不能模棱两可，也不能夸大其词，一定要恰如其分，令人信服。

在讨论中解释自己的实验结果时，应有理论依据，若理论上无充分的依据，可以提出自己的假说。

（6）致谢　论文的结尾处，应以简短的文字对于在研究工作中曾给予帮助、参加讨论、审阅或提出批评建议的单位或个人表示谢意，这一方面是一种礼貌，另一方面也是尊重别人的贡献和劳动。

2. 参考文献的引证

参考文献是科技论文的重要组成部分，它能反映该领域的科学研究的发展状况，体现科学的继承性，体现了研究者在此领域所作的贡献与劳动，为科技论文提供文献依据。作者引用文献文字要精练、符合论文发表的规范、具有代表性与权威性。读者可从中获取论文中提及而未展开的更广泛的相关资料线索。编审者通过查看所引的文献对研究者的研究水平进行初步评估并决定论文取舍。情报工作者用其编制引文索引等检索工具，进行引文分析。参考文献中英文中的杂志名一般都用英文缩写，专利国别也用缩写。

（1）引证原则　科学论文之后，应按顺序列出论文参考或引证的主要文献资料。其中包括正式出版的杂志、书籍、专利、会议论文。对于尚未公开发表的资料一般最好不要列出，因别人不便考证。另外，所列的文献，应只包括那些自己亲自阅读，并且真正对本论文起到参考作用的主要文献。引用参考文献应遵循如下原则。

及时性原则：所著录的参考文献必须是最新的科技情报，已过时的，教科书中所载明的人所共知的结论则不必引用。

珍贵性原则：著录的参考文献主要是近期的，但对一些具有重要科学价值的古稀文献，也必须注意引用。

准确、相关性原则：著录的参考文献，必须是准确无误，并且是与本研究工作直接有关的重要材料。

（2）著录参考文献时应注意的问题　参考文献集中列于文末，文中只标明序码。参考文献序码必须与正文中出现的先后次序一致；参考文献中，作者三人以上，不必都写出，只写出三人，后加"等"字（或 et al）即可；篇名可以不写出，只写刊名，中文书刊名称加书名号，外文书刊名用斜体（或黑体），外文科技期刊名可以采用缩写形式，但须符合缩写规则。此外，参考文献各项之间，应用逗号或空格分开。

（3）引证参考文献的顺序　参考文献的顺序原则是：作者（Author），题目（Title），出版事项（Tacts of Publication）。

① 科技图书　［序号］．作者．篇名．《书名》版次．出版地：出版者，年份：页码。

[1] Wehrli F W, Wirthrin T. Interpretation of carbon-13 NMR spectra. London：Heyden，1976：134.

[2] 梁晓天．核磁共振高分辨氢谱的分析和应用．北京：科学出版社，1982：117.

[3] Hepburn C. Polyurethane Elastomers. second ed. London：Elsevier Science Publisher Ltd, 1991：11.

② 科技期刊　［序号］．作者．篇名．期刊名，年，卷（期）：页码。

[1] Ramesh S, Rajeswari S. Evaluation of inhibitors and biocide on the corrosion control of copper in neutral aqueous environment. corrosion science，2005，47：151-169.

[2] 张正奇，俞汝勤．中国科学：B辑，1988（8）：810.

③ 专利文献　［序号］．作者．专利国别．专利号．出版日期。

[1] Takanashi H, Muramatsu I, Motomura M. Method for preparing water-based urethane resin composition. EP1209180 A1. 2002.

[2] George E S, Tina R D. Waterborne polyurethane having film properties comparable to rubber. US 6017997. 2000.

[3] 段友芦，邹荷仙．用作胶黏剂和涂料的水性聚氨酯分散液及其制备．CN1362436A. 2002.

④ 会议报告　［序号］．作者．题目．会议名称．地点．时间。

[1] 李建民，世霞．锁阳功效的本草考证．中国科学技术协会2004年学术年会，海南分会场"中国生态药业与药谷建设"论文集，2004.

思 考 题

1. 请从网上查阅与化学有关的研究性文章（一篇中文、一篇英文），写出它们的论文组成部分、参考文献的引证次序。
2. 科技实验中的基本步骤主要包括哪几部分？
3. 科技实验中的物理常数主要有哪些？
4. 写科技论文中的前言，应主要包括哪些内容？
5. 在写论文时，引证参考文献应注意哪些方面的问题？

第三章 科技图书

一、图书的分类

随着科技的发展，图书作为人们用来记录资料和交流知识的载体显得极其重要，图书馆的藏书量越来越大，因此索取图书时应了解图书馆的目录体系和查阅方法。

1. 国际十进分类法

国际十进分类法（Universal Decimal Classification，UDC）有很广泛的应用，尤其在欧洲很受欢迎。UDC 又称为通用十进制分类法，原由比利时人 P. M. G. 奥特莱和 H. M. 拉封丹在《杜威法》的基础上发展起来的。国际目录学会在取得杜威的同意后，对《杜威法》逐类进行增补。1905 年出了第一版（法文版），称为《国际文献目录手册》，1927～1933 年出了第二版（法文版），改名为《国际十进分类法》。以后陆续出版其他文种版。国际十进分类法是现代西方使用最广泛的图书分类法之一。该分类法仍在不断修订，把重点放在科学与技术各类，有目的地按类扩充细目，独立分编成册，以供专门图书馆和情报系统使用。20 世纪 50 年代初，电子计算机开始应用于文献检索，它首先被采用。至 60 年代末，它已被称为世界图书情报的"国际交流语言"。UDC 的类目表主要由主表与辅助符号、辅助表组成。主表把整个人类知识分为十大类，每一大类下并不完全细分为 10 个类，一般少于 10 个，也有超出 10 个的。基本大类如下：

0 总类，1 哲学、心理学，2 宗教、神学，3 社会科学，4 语言，5 数学、自然科学，6 应用科学、医学、技术，7 艺术、娱乐、体育，8（语言学）文学，9 地理、传记、历史。

UDC 采用单纯阿拉伯数字作为标记符号，用个位数（0～9）标记一级类，十位数（00～99）标记二级类，百位数（000～999）标记三级类，以下每扩展（细分）一级，就加一位数，每三位数字后加一小数点。如：6 应用科学、医学、技术；62 工程、技术（总论）；621 机械工程总论、核技术、电气工程、机械制造；621.3 电工程、电技术、电气工程；621.39 电信技术；621.396 无线电通讯设备和方法；621.396.9 雷达。

国际上采用较多的是杜威十进制分类法（Dewey Decimal Classification and Relative Index）。

2. 杜威十进制分类法

此分类法将整个人类知识分为 10 个类。

如：000 综合类，100 哲学，200 宗教，300 社会科学，400 语言，500 自然科学，600 应用技术，700 艺术，800 文学，900 历史。

上述 10 类中，每一类又分 10 个部。

如：500 一般科学，510 数学，520 天文学，530 物理学，540 化学……

每一部分 10 科：540 普通化学，541 理论化学，542 实用和实验，543 分析化学，544 定性分析……547 有机化学，547.2 有机合成及反应，547.3 有机分析……

3. 联合国教科文组织分类法

联合国教科文组织制定了一套联合国教科文组织分类法，全部学科分 6 个大类：A. 自然科学，B. 工程学，C. 医学科学，D. 农业，E. 社会科学，F. 人文科学和美术。具体情况见联合国教科文组织分类法。

4. 美国国会图书馆分类法

美国国会图书馆还有自己的一套分类法——《美国国会图书馆分类法》（Library of Congress Classification，LCC）。

5. 中国图书分类法

我国图书分类主要按字母 A～Z（除 L、M、W、Y 以外）的 22 大类分类。

A 马列类：A1 马克思、恩格斯著作，A2 列宁著作，A3 斯大林著作……A11 选集，A12 单行本，A13 书信、日记，A15 手稿，A16 专论汇编……

B 哲学：B0 哲学理论，B1 世界哲学，B2 中国哲学，B3 亚洲哲学，B4 非洲哲学，B5 欧洲哲学，B6 大洋洲哲学，B7 美洲哲学……

C 社会科学总论：C0 社会科学理论与方法论，C1 社会科学现状、概况，C2 机关、团体、会议，C3 社会科学研究方法，C4 社会科学教育与普及，C5 社会科学丛书、文集、连续性出版物，C6 社会科学参考工具书，C7 社会科学文献检索工具书，C8 统计学……C91 社会学，C92 人口学……

D 政治、法律：D0 政治理论……D4 工人、农民、青年、妇女运动与组织……

E 军事：E0 军事理论，E1 世界军事，E2 中国军事……E8 战略、战役、战术，E9 军事技术……

F 经济：F0 政治经济学，F1 世界各国经济概况、经济史、经济地理，F2 经济计划与管理，F3 农业经济，F4 工业经济，F5 交通运输经济，F6 邮电经济，F7 贸易经济，F8 财政、金融……

G 文化、科学、教育、体育：G0 文化理论，G1 世界各国文化事业概况，G2 信息与知识传播，G3 科学、科学研究，G4 教育……

H 语言、文字：H0 语言学，H1 汉语，H2 中国少数民族语言，H3 常用外国语，H4 汉藏语系，H5 阿尔泰语系……

I 文学：I0 文学理论，I1 世界文学，I2 中国文学……

J 艺术：J0 艺术理论，J1 世界各国艺术概况，J2 绘画，J3 雕塑，J4 摄影艺术，J5 工艺美术……

K 历史、地理：K0 史学理论，K1 世界史，K2 中国史，K3 亚洲史，K4 非洲史，K5 欧洲史，K6 大洋洲史……

N 自然科学总论……

O 数理科学与化学：O1 数学……O6 化学，O7 晶体学……

O6 化学，O61 无机化学，O611 化学元素与无机化合物，O62 有机化学，O621 有机化学问题……

Q 生物科学：Q1 普通生物学，Q2 细胞学，Q3 遗传学，Q4 生理学……

R 医学、卫生：R1 预防医学、卫生学，R2 中国医学，R3 基础医学，R4 临床医学……

T 工业技术：TB 一般工业技术，TE 石油、天然气工业……TQ 化学工业，TS 轻工业、手工业……TQ0 化工技术一般性问题，TQ1 基本无机化学工业，TQ2 基本有机化学工业，TQ3 高分子化合物工业……

X 环境科学：X1 环境科学基础理论，X2 人类与环境的关系，X3 环境保护管理与环境卫生……

二、电子图书馆与电子图书

1. 电子图书馆

电子图书馆的概念基于两方面的基础：光盘的日益普及和联机出版物的出现。电子图书馆并不是狭义的在一个图书馆里收集各种机读产品来提供服务，而是广义的资源共享概念。电子图书馆通过计算机网络通信手段可透明地在任何可以获得信息的结点取得所需信息，有相当部分的信息并不是在本馆收藏。因此，虚拟图书馆的概念又被提出。"未来图书馆是由沙子、玻璃和空气组成的"。这里沙子比喻芯片，玻璃比喻光纤，空气比喻网络通信。这反映了信息技术发展对图书馆的影响。现在，一些实验室正在为虚拟图书馆的发展投入研究。美国 AT&T 的 Bell 实验室最先开发了一个用于电子图书馆的名为 Right Pages 接口程序。另一电子图书馆计划是 TULIP（The University Licensing Program），由 Elsevier 和大学图书馆合作研究科技刊物在网络分布的可行性的计划。Elsevier 还计划提供 1000 多种由其出版的刊物的扫描图像版出版物，并逐步转向文本格式电子出版物。

信息技术的发展，改变了科学家获取信息的方法，也影响着传统的信息出版、收藏和利用的固有流程。利用电子印刷文档（E-print Archive）传播科学信息非常方便和经济。

2. 电子图书

作为覆盖全球的网络，在传播信息方面具有独特的优势。随着电子出版物的飞速发展，电子出版物网络化已成为现实。电子出版物是指以数字代码方式将图、文、声、像等信息存储在磁、光、电介质上，通过计算机或类似设备使用，并可复制发行的大众传播体。类型有电子图书、电子期刊、电子报纸和软件读物等。随着网络的发展，狭义的电子出版物已被人们认为是指完全在网络环境下编辑、出版、传播的书刊报纸等出版物。电子图书是电子出版物中最常见的文献形式，Internet 将为电子图书带来美好前景。

电子图书，包括单种的光盘版图书、电子版图书全文检索系统，以及大型的网上图书馆等。其主要栏目如下：

①"书生之家"电子新书；②超星中文电子图书；③方正 Apabi 电子图书；④中国数图公司电子图书；⑤《四库全书》电子版……

电子图书的分类：电子图书分类包括电脑教程、报刊、经济社会、科幻侦探、漫画幽默、科普哲学、时尚生活、文学作品、小说传记、英文经典、影视明星等。如 Netlibrary 数据库电子图书所涉及的关于化学的如下。

① Assessing the value of research in the chemical sciences：Report of a workshop /National Academies Press，1998.

② A field guide to rocks and minerals Peterson field guide series；7/ Houghton-Mifflin Trade and Reference，1996.

③ Great jobs for chemistry majors/NTC Contemporary，1999.

④ Molecular symmetry and spectroscopy/ NRC Research Press，1989.

三、辞典、手册、工具书及参考书

1. 辞典

（1）现代科学技术辞典　现代科学技术辞典收录条目10.6万条，包括学科109个。如：Nuclear physics，Mathematics，Quantum mechanics，Botany，Particle physics，Control system，Atomic physics，Statistics，Chem.，Org. Chem.，Spectroscopy，Agriculture，Printing……

主词条格式：汉语正名—英语正名—所属学科—译义—参见词条。

如：六甲基磷酰胺 Hexametapol（有化）$C_6H_{13}N_3OP$，一种液体，用作有机合成的溶剂等。

肌醇，inositol（有化）$C_6H_6(OH)_6 \cdot 2H_2O$，与微生物共存的水溶性，醇类……参见 myoinositol mesoinositol（生化）。

查阅方法：按汉语笔画排列，适用范围，一般化工词典中少有的术语或交叉学科方面的术语。如：蒙坦蜡 Montan Wax（涂）M.P. 80～90，溶于氯仿……

（2）辞海　上海辞书出版社出版，数学、物理、化学为一分册，化学中主要涉及学科名称、化学名人、化学著作、术语、理论、概念、学说、重要的化合物、定律及常用的仪器、主要设备。

如：诱导效应（Inductive Effect）、马可尼可夫规则（Markovnikoff's rule）等，主要用于教学参考。

（3）英汉化学化工词典　科学出版社出版，所涉词条 120000 条。主要有术语、重要的物质名称、元素名称、基团名以及与化学有关的物质名。

特点：有较全面的附表。如：重要的缩略语、商品名、俗名、无机及有机化合物的系统名、命名法和规则、重要官能团的结构、各类杂环化合物的名称。在化学物质的查阅中可以分成三种：①按组成结构的系统命名，如 Ethylamine，Cyclohexane，Aldehyde 等；②按俗名，如 Penicillin，Aureomycin（金霉素）；③按厂商的注册名，如 HEDP，Indanthrene（阴丹士林）。

查阅方法：按英文字母顺序。

主要用途：发表英文文章，英文摘要，阅读英文科技文献以及查找 CA 时应用。

（4）化工辞典　化学工业出版社出版，王箴主编。所收词目：化学矿物、金属和非金属、无机化学品、有机化学品、基本有机原料、化肥、农药、树脂、橡胶、塑料、感光材料、炸药、医药、油脂、化学纤维、纸、涂料、染料、颜料、助剂、物理化学、高分子、化学工程、化工机械环保等，1999 年出版的第四版已收录词条 16000 余条。介绍化合物有关的物理性质、制备方法、用途，对有些术语名词进行了解释。如发烟硝酸：含硝酸 86%～97.5% 的浓硝酸，是腐蚀性极强的液体，因溶有二氧化氮而呈红色……主要用于制硝基化合物；杂醇油：发酵法制酒精的副产品，无色至黄色油状液体、有特殊的臭味和毒性，可用作溶剂，由酿酒中的发酵物产生。

全书按汉字笔画排列，并附汉语拼音检字索引，本辞典适用于对有关化合物的各种性能、用途、制备的查找。

（5）汉英科技大词典　黑龙江人民出版社出版。所收词目 30 万条，包括数、理、化、机电、机械、电讯、电工、矿产、农业、生物、地理、天文等一百多个专业和学科。本词典主要将汉语专业词译成了英文，在写英文文章和查找 CA 时常用。本词典查阅方法是笔画次序查找。

（6）汉译海氏有机化合物辞典　原著（英）由 Ivan Heilbron 和 H. M. Bunbury 编辑，中译本为科学出版社出版。本书共四册，按有机化合物的名称的字母次序编排，主要常见的有机化合物 28000 条，连同其衍生物约 60000 条，列有组成结构来源物化性质，并附参考文献。

如：三氯乙醛 Trichloracetaldehyde or chloral，Cl_3CCHO，M 147.5，$T_b=$ 98D$_4^0$1.54175，n_D^{20} 1.45572，无色液体，$-57℃$冻结，溶于水、乙醇、乙醚……与浓硝酸反应生成三氯乙酸。

（7）默克索引（The Merck Index） 本书第一版是1889年出版，以后差不多每10年修改一次，最早为美国默克公司出版的药品目录，经多次改进，现已成为一本化学药品，药物和生理性物质的综合百科全书。共收集了1万多种化合物的性质、结构式、组成元素百分比、毒性数据、标题化合物的衍生物、制备方法及参考文献等。卷末附有分子式和名称索引。该书第十二版已有光盘问世。本辞典包括下述部分：专论（Monograph），有机人名反应（Organic Name Reaction），杂项（Miscellaneous Tables）。

① 专论（Monograph） 专论主要包括无机和有机均按字母次序编排的各种化合物的名称、结构式、摩尔量、各种物理常数、反应性质、用途、来源和制备、毒性检定、生理活性并附原始参考文献。如 Benzothiazole $C_7H_5N_5$ mol wt 135，C（62.19%），H（3.37%），N（10.36%），S（23.72%）。Prep.：from N，N-dimethyl aniline and sulfur. Knowles Walt. J. Org. Chem.，1942，7（56）. Chemistry of benzothiazole, their use as Carbonyl equivalents and in carbon-carbon bond formation. Corey E J., Boger D L. Tetrahedron Letters，1978，5（9）13.

② 有机人名反应（Organic Name Reaction） 在有机人名反应中，附了每一个人名反应的反应式、机理、反应结果、有关报道的产率和方法。

③ 杂项（Miscellaneous Tables） 杂项列出了一些常用的数据、符号、索引等。如放射性同位素表、溶液的渗透压、液体的重量、指示剂、冷却物等表。

此外，书后附了分子式索引、名称交叉索引、俗名、商品名、系统命名对照，还包括各种化合物的美国化学文摘记号。

（8）化学大全或化学辞典（The Encyclopedia of Chemistry） 该书由 Clark George L. 和 Hawley Gessner G. 于1959年首次主编出版。它包括化学、化工和其他学科中许多重要的术语、名称、基本理论和单元操作的解释。1973年由 Hampel C. A. 和 Hawley G. G. 出版了第三版，这时由于一些新的化学分支的出现，如环境化学、物理测试、遗传密码而增添了许多新的内容。因此，在旧版的基础上重新进行了再版。

该书概述了化学化工和其他学科中的许多重要的化学名词、定义、术语、规则及类别，按英文字母次序排布。

如我们要查找萃取某一物质的溶剂，或在柱色谱、纸色谱中要选择洗脱剂，那么我们要查找溶剂（Solvents），在溶剂这一栏目中，有定义、种类、化学性质、物理性质、应用和选择等，在种类中分为水相、非水相、有机溶剂相三种。而在非水相溶剂中有碱性溶剂、酸性溶剂、质子性溶剂、非质子性溶剂。

又如催化（Catalysis），介绍了催化的定义、催化剂的种类、应用。如催化的分类有均相催化、异相催化、酶催化，此外还有酸碱催化、相转移催化、催化氢化等。

如果我们要了解立体化学方面的内容，我们可以查阅立体化学（Stereochemistry），在这一栏目中，介绍了定义（Definition）、历史（History）、构型（Configuration）、构象（Conformation）、构象分析（Conformation analysis）、拆分（Resolution）、立体控制合成（Stereo-controlled synthesis）、立体专一催化（Stereospecific catalysis），此外，还介绍了一些相关化学家的简历和贡献等。

（9）化学工艺大全（Kirk-Othmer Encyclopedia of Chemical Technology）第一版 1949～1950，第二版 1967～1972，第三版 1978～1984，第四版 1990～1994，目前是第五版，内容包括聚合物（Polymer）、塑料工艺（Plastic tech）、纺织物（Textile）、燃料（Fuels）、能源（Energy）、涂料（Coating）、发酵（Fermentation）、酶（Enzymes）等。而对每一类的材料介绍得相当详细。

如粉末涂料（Powder coating），介绍的种类主要两大类，热固性及热塑性。热固性粉末涂料又分环氧聚酯、丙烯酸聚酯等。热塑性粉末涂料包括聚乙烯、聚丙烯、聚氯乙烯、尼龙等，并且对每章内容中关于它的性能、制备工艺及方法、用途都给予了较详尽的介绍。

（10）万诺化学家辞典（Van Nostrand's Chemist's Dictionary） 由 Jurgen M. Honig 等编写。该辞典介绍了一些化学物质的知识和化学术语的定义、新的元素、离子、典型化合物等，还有化学反应及其他学科的有关内容。

（11）化学同义语与商品名（Chemical Synonyms and Trade Names） 1971年由 George W. A. Milne 编辑，约有 32500 条目，以商品名称为主按字顺排列。

（12）应用化学辞典 该书由朱宣译著，台湾宏业书局 1980 年出版。它主要收集了化学方面的普通名词。内容包括化学化工方面的定义、定律、术语、化学药品、药物、香料、染料半成品、芳香油、油脂、金属、矿物、石油产品、黏土制品、杀虫剂及鞣料等。本辞典按物质名称字顺排列，注以中文解释。书末设中文索引，附录包括：Ⅰ简单实验方法；Ⅱ药品名词（译者增补）；Ⅲ重要实用恒数表（译者增补）。

（13）Dictionary of Organic Compounds 这套辞典列出了有机化合物的化学结构、物理常数、化学性质及其衍生物等，并附有制备的文献资料和美国化学文摘社登记号。全书共 9 卷，收录常见有机化合物近 3 万余条，加上衍生物达 6 万条。按化合物名称的英文字母顺序排列。其第三版有中译本，即《汉译海氏有机化合物辞典》。

2. 手册

（1）试剂手册 上海科学技术出版社，共列入 7509 种，包括一般试剂、生化试剂、色谱试剂、生物染色素及指示剂等。每个品种包含中、英文名称、分子式或结构式、分子量、主要的物理化学性质、用途规格、储存要求和危险性质等信息，凡有国家标准、化工部标准的试剂，均分别为 GB、HG 的代号将其规格标准列入。本册末附有中文名索引和英文名索引，中文按笔画，英文按字母顺序排列。

（2）化工产品手册　化学工业部科技情报研究所编辑出版。主要介绍了基本有机化工原料、无机化工原料、染料、橡胶和橡胶剂、塑料和助剂、日用化工原料、黏合剂、药物等每个产品的用途、国内生产厂家、生产方法、简单的工艺过程、主要反应式和生产流程示意图以及主要消耗定额、质量标准、物理常数。

（3）世界精细化工手册　化工部科技情报研究所 1982 年编辑出版。以后又在 1985 年出版了《续编》。《手册》叙述了近年来该行业或门类的世界市场动向和各类品种的发展趋向，收载了 600 多个国外较新的或在广泛使用的精细化学品，比较详细地介绍了每个品种的名称、结构式、性状、毒性、制法、生产情况、用途与用法、包装与价格等。

（4）CRC 化学与物理手册（CRC Handbook of Chemistry and Physics, The Chemical Rubber Co.）　1988 年出版了第 69 版，由 Robert C. Weast 主编。现为每两年出版一次，每版都要修订，内容不断更新。该手册内容丰富，查阅方便。不仅提供了物理和化学方面的重要数据而且还提供了大量的科学研究和实验室工作所需要的知识。本书共分六大部。

A 部　数学表（Mathematical Table）。

B 部　元素和无机化合物（The Elements and Inorganic Compounds）。本部主要包括各元素的化学、物理性质、物理常数等。它们以英文字母顺序编排。

C 部　有机化合物（Organic Compounds）。主要包括一般有机化合物、金属有机化合物和有机溶剂等的化学物理性质，其中收录了 15000 多种有机化合物的物理常数、结构式等资料，其化合物按母体的英文字母顺序排列，母体相同则以取代基顺序排，另附了有机化合物的熔点索引、沸点索引、分子式索引等。

D 部　普通的化学表（General Chemical Tables）。本部汇集了常见的化学物质、材料及体系的热力学性质、电化学性质等物化及化学和物理数据资料。

E 部　普通物理常数（General Physical Constants）。内容包括力学、热学、电学、磁学、光学等常数。

F 部　杂项（Miscellaneous）。内容包括密度、摩擦系数、表面张力、黏度及物理化学常用的缩写、符号，物理学上的单位和名称等。

（5）生化药剂方面的有机试剂手册（Handbook of Biochemicals Organic Compound for Research and Diagnostic Reagents）　由 SIGMA 化学公司每年出版一次，主要登载 SIGMA 化学公司所能销售的化学试剂、医用试剂、生物化学品等，除一般的化学品外，还有一些专用的化学品。如无水溶剂（Anhydrous solvents)，有机铝试剂（Organoaluminum Reagents），格氏试剂（Grignard Reagents），高压液相色谱溶剂（HPLC solvents）等，此外还有科研用的仪器。

该手册内有化合物字母表（按字母次序编排）、产品类别，根据化合物字母表和产品类别可查阅所需的药品，刊载各药品的名称、纯度、量、价格，并且每年价格会变化。

（6）物理学、化学、天文学、地球物理学和技术中的数据、数学和函数关系（Landolt-Börnstein's Zahlenwerte und Funktionen aus Physik，Chemic，Astronormie，Geophysik und Technik） 1883 年出版，第六版于 1951 年问世。

本手册收集的各种物质的数据齐全、准确，是世界公认的权威手册之一。它主要包括物理、化学天文学、地球物理学和技术等方面的数据。手册没有总索引，要查找某一数据，必须仔细查看目录表。第六版的各卷内容如下。

卷Ⅰ　原子及分子物理（共 5 册），主要有原子与离子、分子结构、外电子层、晶体、原子核与基本粒子。

卷Ⅱ　聚集态物质（共 10 册），主要有热力学参数、非熔融平衡、熔融平衡和界面现象、量热学、迁移现象、电性Ⅰ（各种固体的电性质包括金属的电导、固体中的离子电导、光导电性等）、电性Ⅱ（电化学体系的电性质）、光学常数、磁性Ⅰ、磁性Ⅱ。

卷Ⅲ　天文学和地球物理。

卷Ⅳ　基本技术（共 4 册），主要有天然材料和机械性质、金属材料、电技术、光技术、X 射线技术、热学和热力学性质的测定。

新版是由 K. H. Hellwege 主编的，改名为 Zahlenwerte und Funktionen aus Naturwissenschaften und Technik（自然科学技术中数字、数据和函数关系）。共分为六大类。

第一大类　核物理和工艺（Nuclear Particle & Physics）。

第二大类　原子和分子物理（Atomic & Molecular Physics）。包括原子和分子物理，自由基的磁性（Magnetic Properties of Free Radicals），配位化合物及有机过渡金属化合物的磁性（Magnetic Properties of Coordination & Organometallic Transition Metal Compounds），有机物的发光（Luminescence of Organic Substance），微波光谱中的分子常数（Molecular Constant from Microwave Spectroscopy），分子声学（Molecular Acoustics），分子声学、微波、分子散射及 ESR 光谱（Molecular Constants from Microwave Molecular Beam & ESR-Spectroscopy）。

第三大类　晶体和固体物理（Crystal & Solid State Physics）。

第四大类　物质的宏观性质和工业性质（Microscopic & Technical Properties of Matter）。

此外，还有地球物理学和空间研究、天文学和天文物理学两大类。

（7）烃类和有关化合物性质的选择值（Selected Values of Properties of Hydrocarbons & Related Compounds） 该书由美国得克萨斯 A & M 大学化学系热力中心研究所编制出版，主要刊登石油工业上有关烃类和某些含硫及含氮化合物。它分为七卷，第一至五卷的内容为各种烃化合物性质的数据，第六到七卷为各种化合物的参考文献。书中的度量单位主要采用公制，也有一部分采用英制和公制两种表示。该书每半年出版一次，修正数据卡片。国际出版的卡片截止于 1972 年。1981 年，热力学研究中心又出版了这套《烃类和有关化合物性质选择值》（由 Hall K. R. 等人编辑），全书分九卷：第一至七卷为正文，第八至九卷为参考文献，内容与原来的七卷本有部分重复。

（8）分析化学手册（Handbook of Analytical Chemistry） 由 Pradyot Patnaik 编写，McGraw-Hill 公司出版，2004 年为第二版。主要包括基本数据、定性分析、无机定量分析、气体分析、化学分析、光学技术、磁学技术、热分析、pH 值的测定等。

（9）实验室手册（Laboratory Handbook） 由 ParrN L. 编辑，George Newnes Limited，1963 年出版。介绍了实验室设计、设备、常用药品的毒性、污染及防治等注意事项以及分馏、温度测量、电子显微镜、低温等技术。

（10）工业溶剂手册（Industrial Solvents Handbook） 由 Flick Ernest W. 编辑，由 Noyes Publications 出版。1998 年第五版。主要介绍了包含 1100 多种的以下各类溶剂：烃类、卤代烃类、硝基烷类、有机硫化合物、单羟基醇、多羟基醇、酚、醛、醚、酸、酯等。包括它们的物理常数如分子量、沸点、熔点、折射率、密度、蒸发热、燃烧热、介电显微镜和低温技术等。

（11）高聚物手册（Polymer Handbook） 由 J. Brandrup，E. H. Immergut，E. A. Grulke 编辑，它包括许多高分子化合物的基本科学数据：如聚合与解聚、引发剂的数据、低聚物数据、多种聚合物的结晶学数据、高聚物在溶液中的沉降常数、单体和溶剂的物理性质以及一些重要高聚物的物理常数。

（12）盖墨林无机化学手册（Gmelin Handbook of Inorganic Chemistry） 由 Leopold Gmelin 编辑，Springer-Verlag 公司出版。本书是一本完整的无机化学和无机化合物手册，它主要包括化学元素、无机化学和无机化合物（含有机金属化合物）的各种数据资料，如各种无机化合物的发现史、制备方法、化学性质、物理性质等。

（13）Lange 化学手册（Lange's Handbook of Chemistry） 由 James Speight 编辑，McGraw-Hill 公司出版，2005 年第 16 版。本书分为四大部分：第一部分为无机化学，包括无机化合物命名、物理性质、元素、键长与键强、亲和能、黏度与表面张力、导热性等；第二部分为有机化学部分，包括有机物的命名与物理性质、黏度与表面张力、折射与折射率、蒸气压与沸点、可燃性、共沸物、凝固混合物、键长与键强、离子化能、导热性、电导率等；第三部分为波谱,包括红外吸收光谱、紫外光谱、拉曼光谱、荧光光谱、火焰原子吸收光谱、质谱、核磁共振谱等;第四部分为一般知识及换算表,主要包含物理常数转换、温度换算表、密度与比重、分子量、热浴、重量分析、容量分析、分离方法等。

(14) CRC 有机电化学手册(CRC Handbook Series in Organic Electrochemistry) 该手册是美国化学橡胶公司出版的电化学数据丛书之一。作者 Louis Meites 和 Petr Zuman。该书主要收集了有机化合物化学数据。全书分装两册,共十个表格。第一册为电化学数据表,按化学式排列(化学式按 Hill 系统编排)。第二册共收集了九个表格,内容包括结构式、半反应(电极反应)的机理、前文所列的有机化合物的名称、索引、功能基索引、溶剂索引、方法索引、指示电极索引、文献指南、作者索引。

(15) 非水电解质手册(Nonaqueous Electrolytes Handbook) George J. Janz 和 Tomkins R. P. T. 于1972年编写出版。该手册分装为两卷,第一卷的内容包括:溶剂的物理性质、溶剂的提纯、电导(电解质电导数据按溶质和溶剂分类,溶剂分为单一的和混合的两种,电解质分无机酸和有机酶,周期表中各族的常见盐、络盐及季盐和胺)、扩散、密度、迁移数、补充参考文献和数据来源、化合物索引(分溶剂和溶质两部分)。第二卷的内容包括:电解质的溶解度、电动势数据、蒸气压、冰点降低测定、溶解热测定、极谱法、配位体交换速度与电极反应、电偶层、非水光谱法、有机电解质电池组体系、补充参考文献和数据来源、化合物索引(分溶剂和溶质两部分)。此外,还有现代仪器分析手册、化学工程师手册等。

3. 大型工具书及参考书

(1) 新不列颠百科全书(The New Encyclopedia Britannica) 1786年出版,最新版是1999年出版(ISBN:0-85229-663-0)的 No.15 修订版,我国称之为大英百科全书。该百科全书是世界上历史最悠久、影响最广也是最权威的一部综合性百科全书,内容涉及人文、社科与自然科学,现由中国百科全书出版社和美国芝加哥不列颠百科全书公司合作编译成中文的《简明不列颠百科全书》,就是根据它编辑出版的,全书共32卷分四个主要部分。

第1~12卷,《百科简编》(Micropaedia),条目较短,按字顺编排,编辑宗旨是"情报知识性"和教育性的结合,它可以作为简明的百科词典,所涉条目与注释可详查《百科详编》。

第13~29卷,《百科详编》(Macropaedia),其条目详细,按字母顺序编排。

第30卷,《百科类目》(Propaedia),是全书的分类目录,其内容是按学科分为十大类:物质与能、地球、地球上的生命、人类生命、人类社会、艺术、技术、宗教、人类历史、知识分支。每一大类下又分部、门类、细类等六个层次。每类目都有类目释义及类目在百科中的卷号、页码,它是全书的分类指南。

第31~32卷为《关键词索引》,可提供对《百科简编》与《百科详编》的检索指南。

现已有《新不列颠百科全书》光盘 CD-ROM 版本（Britannica CD）与网络版本（Online），网址为 http://www.eb.com，电子版本查阅需注册交费才能查阅。

（2）中国大百科全书　"全书"由中国大百科出版社出版。1980～1993 年逐步完成。按学科分卷，共 74 卷，每卷不标卷号而列出该卷的学科名称，各学科按自身的体系层次以条目形式编写，每卷按条目的汉语拼音的字顺排列。各卷下文前有条目分类目录，正文后有内容索引、条目外文索引、条目汉字笔画索引。本书有光盘版，4 张新的光盘版于 2000 年出版（网址：http://www.ecph.com.cn）。

（3）化学技术大全　"大全"主要是自然科学领域，中译本是原书 1977 年第四版的译本，其中涉及化学化工领域的有下列卷册：卷 7，无机化学；卷 8，有机化学；卷 9，物理化学、分析化学；卷 15，生物物理学、生物化学；卷 27，矿冶工程学；卷 28，石油工程、石油化学、化学工程、食品工程、轻工业（按汉语拼音字序查阅）。

（4）化学大全（Chemie Lexikon）　该书由 Römpp H. 博士编著，初版于 1947 年。这里只介绍增订的第四版。该书的内容丰富，对无机、有机、胶体、分析化学、地球化学、晶体学、生物化学、药物学和化学工艺等均有所论及。第四版除收录短论、引述参考文献外，还给出了数百篇杰出化学家的传记，本书的第一卷末附有 "A～K" 的主题索引，第二卷末附有 "L～Z" 的主题索引。

（5）无机化学大全（A Comprehensive Treatise on Inorganic & Theoretical Chemistry）　无机化学大全的主编是英国著名化学家 Joseph William Mellor 博士。该书文献资料齐全，索引完善。各卷均设有索引，第十六卷中设有总索引（主题词字顺索引）。全书按周期表中各主族和副族元素的次序进行编排。就内容来说，全文根据物理化学原理，对无机化学书籍中的各种元素及其化合物，进行了分析和探讨。1956 年起，出版了各卷的补编卷。它收集了在正编之后发表的无机化学的重要文献资料。补编《Supplement Ⅱ. Part 1》是正编第二卷的补编第一册，其他各补编也按类似方式标记。

（6）化学反应大全（Encyclopedia of Chemical Reaction）　本书是一部反映元素的化学反应手册，在每一元素下列出这一元素与其他化学物质的化学反应、反应条件、产物、反应方程式，并注明了引证的参考文献。它是由 Carl Alfred Jacobson 和 Clifford A. Hampel 编辑并于 1946 年开始出版，至 1960 年共出版了八卷，按元素的英文名称的字母顺序编排。

（7）Sadtler 标准光谱图集　该图集由 Sadtler Research Laboratories 编辑出版。它是以棱镜红外光谱为主，并包括大量的光栅红外光谱图、紫外光谱图、核磁共振图谱和热差分数据，标准 13C 核磁波谱、标准荧光光谱、标准拉曼光谱、红外高分辨定值定量光谱等。收录了 26 万多张红外谱图，近 4 千张近红外谱图，9 千张拉曼谱图，67 万多张核磁谱图，近 30 万张质谱谱图，3 万张紫外-可见光谱。该图谱收集的谱图数量大，品种繁多，是世界上相当完备的光谱文献。因此，图谱按类型分集出版。

查阅 Sadtler 光谱图集必须使用有关索引，如总光谱索引（它包括化合物名称字面索引、光谱图连续号码索引、分子式索引、化学分类索引）；标准红外光栅光谱 1980 年累积谱线索引；专用索引（如核磁共振化学位移索引、紫外标准光谱线索引、红外标准谱线索引等）。

（8）光谱手册（Handbook of Spectroscopy） 由 Guenter Gauglitz 和 Tuan Vo-Dinh 编写，由 Wiley 公司在 2005 年出版。主要内容包括：样品的收集、测试仪器与技术、液体的核磁、固态核磁、X 衍射荧光分析、原子吸收与原子发射光谱、质谱、表面分析技术、生物分析法、气相色谱、元素分析等。

（9）化学工程和设计大全（Encyclopedia of Chemical Processing and Design） 它是一部化学工程师使用的百科全书，1977 年开始出版，精确地阐述了化学工艺过程、方法、标准及最新发展，由 John J. McKetta Jr. 编著。

（10）工业化学分析大全（Encyclopedia of Industrial Chemical Analysis） 由 Foster Dee Snell，Clifford L. Hilton，Leslie S. Ettre 编著。1966 年开始出版。全书包括两部，第一部为一般技术，分布在 1～3 卷内，介绍了大量的工业产品的一般分析方法和技术，阐述了基本原理、分析方法、常数测定、滴定法、分离技术、鉴定技术。第二部为个别的或某一组产品的分析，分布在 4～19 卷内，它又分为四大类：个别化合物、元素及其化合物、具有相同结构的化合物、具有同样用途的化合物，各项条目按字序排列。

（11）美国材料检验标准（Annual Book of American Society for Testing and Material Standards） 本书采用的标准分为两种：①作为标准的方法和规格（须经过 ASTM 协会全体会员通过）；②暂行标准（须经过专家委员会通过）。它大致包括以下各项：应用范围、测定条件、仪器设备的介绍、试剂的配制、取样方法和处理、检验方法、计算方法。每一检验都有规定的号码，称为 ASTM 号码，每卷前有该卷目录，并注有起止页码，接着是分类目录。

（12）综合无机化学（Comprehensive Inorganic Chemistry） 由 John Christian Bailar 和 A. F. Trotman-Dickenson 等编辑。全书共九卷，每卷前面都有详细目录，本书介绍各元素和化合物的存在、来源、制备、发展史、生产方法、物理和化学性质、毒性及安全处理等。

（13）化学进展丛书（Advances in Chemistry Series） 由美国化学会 1949 年开始组织出版，主要是专题讨论会上的论文严格按美国化学会出版标准进行选择的。丛书分为若干部，如：化学史、无机化学进展、有机化学进展、物理化学进展、化学教育、农业与食品化学、药物化学、化学工程、化学催化、化学助剂、生理化学、表面化学、涂料、日用化学等。

（14）美国化学会专著丛书（American Chemical Society Monograph Series）由美国化学会受理论与应用国际会议的委托负责编辑。丛书主要是按化学品种或类别进行专论，分别编辑出版。如《硫酸生产》《磷酸生产》《表面活性剂》等丛书分别介绍它们的生产方法、工艺流程、产品的性质、用途、检测方法等。

（15）电化学数据（Electrochemical Data）　由 Meites Louis，Zuman Peter 等编辑。该书是电化学和电分析工作者的工具书。它精选出 1960～1971 年间，有关极谱法、伏安法、电流法、控制电势库仑法、计时电势法、计时电流法和计时库仑法等五种电化学分析和测量试验方法的基本电化学数据。它分为两部分。第一部分的内容包括有机和有机金属化合物及生物化学物质的电化学数据；第二部分的内容为无机化合物的电化学数据。书末附有主题索引。

（16）无机和有机化合物的溶解度（Solubilities of Inorganic & Organic Compounds，H. Stephen & T. Stephen，Pergamon，1963～1979）　该书共有三卷。第一、二卷又分为上下两册，第三卷分为上中下三册。主要内容包括：元素、无机化合物、有机化合物和金属有机化合物在二元系和三元系及多组分体系中的溶解度的实验数据。

（17）化学工程物性常数（Physico-Chemical Properties for Chemical Engineering）　该书由日本化学工程协会（Kagaku Kōgakkai Japan）编辑。它包括了化学工程有关的物理学性质常数、实验数据、实验方法以及化学工程有关的预测法和理论等。目前国内已出版三卷，目次均与第一卷相同。

该书的具体内容有：①压力-体积湿度间的关系和液体密度；②蒸发过程中的蒸气压和热；③蒸气液体平衡；④溶液的溶解和热；⑤黏性；⑥分子扩散系数。

（18）综合有机化学（Comprehensive Organic Chemistry）　由 Derek Barton，W. David Ollis 等编辑，Elsevier Science 出版。全书共分为六册，第六册为各册的总索引。卷一包括有机物命名及立体化学、烃、卤代烃、含氧化合物；卷二包括含氮化合物、磷化合物、羧酸；卷三包括硫、硒、硅、硼及金属有机化合物；卷四包括杂环化合物；卷五包括糖、蛋白质及天然有机化合物、生物有机化学；卷六包括分子式索引、主题索引、作者索引、反应索引、试剂索引。

（19）Beilstein 有机化学大全（Beilstein's Handbuch der Organischen Chemie）　由 Springer-Verlag 在 1918 年出版，是一本十分完备的有机化学工具书，收集了 1918 年以前所有的有机化合物数据，后来又出版续编。主要介绍了化合物的来源、性质、用途及分析方法，且附有原始文献。

此外，在有机化学方面的参考书还有：Alfred T. Blomquist 编写的 Organic Chemistry（有机化学）；Roger Adams 编写的 Organic Reactions（有机反应）；Adams R. 和 Gilman H. 主编的 Organic Synthesis（有机合成）；W. Theilheimer 编

辑的 Synthetic Methods of Organic Chemistry（有机化学合成方法）；W. Forest 编写的 Newer Methods of Preparative Organic Chemistry（制备有机化学新方法）；Arnold Weissberger 编写的 Technique of Organic Chemistry（有机化学操作技术）；Mary Fieser 编写的 Reagents for Organic Synthesis（有机合成试剂）；北京理工大学出版社出版的樊能廷编写的《有机合成事典》等。

思 考 题

1. 图书分类法除教材介绍的方法外，请列举出一种其他的分类方法。
2. 从网上查阅一国外图书馆及一国外大学图书馆，网页上主要有哪些内容？
3. 请从网上图书馆查阅 2 本与化学有关的教材和参考书，写出查阅途径、书名、出版社。
4. 从网上可以查阅到哪几种化学方面的中外文物手册与辞典（词典）？
5. 查找某一化合物的物理性质、光谱性质可通过哪几种辞典（词典），若查找化工原料或化学试剂的产地、价格、可从哪些手册与辞典（词典）查找？
6. 请从网上查阅下列原料的生产厂家或公司（写出它们的公司名和网站，中外厂家或公司名各列举 2 个）。
   （1）丙烯酸或丙烯酸酯　（2）聚氯乙烯或聚丙烯　（3）OP10
   （4）TNT　　　　　　（5）茉莉香精　　　　　（6）山梨酸
7. 下列是一些有毒化学品，请从网上或资料室的有关资料中手工查阅它们的毒性及防治方法（注明网站）。
   （1）胺　（2）氯苯　（3）DDT　（4）氯仿　（5）甲醛　（6）苯并芘
   （7）亚硝基化合物
8. 从网上或资料室查阅下列化合物的物理性质，写出其查阅途径及网站。
   （1）对羟基苯甲酸异丙酯　　（2）水杨酸　（3）十二烷醇
9. 制备水性涂料、聚碳酸酯、磺酸酯类的非离子表面活性剂、偶氮类分散型染料应查找哪些参考书？
10. 三氯异氰脲酸的工业制备中涉及快速干燥、泥浆泵、气液分离设备应查找哪些参考书？
11. 甲苯二异氰酸酯是一种重要的化工原料，如需查找它的标准及分析方法，应查哪一类参考书？

第四章 期 刊

期刊以刊载文献的内容大致划分为：原始性期刊（JACS，JCS，化学学报等）、检索性期刊（CA，中国化工文摘等）、评述性期刊（Chemical Reviews，Accounts of Chemical Research，化学进展等）、消息性期刊（C&E News，Chemical Marketing Reports 等）、科普性期刊（Scientific American 等）等类型。

一、重要化学化工期刊介绍

1. 综合性自然科学期刊

(1)《中国科学 B》（Science in China B） 1950 年 8 月创刊，中国科学院编。1951 年第 2 卷第 4 期后，改为外文版（英、法、德、俄）。中国科学期刊把国内自然科学期刊上发表的论文选择质量较好的译成外文发表，每卷编有著者和分类主题索引。第 15 卷第 6 期（1966 年）后停刊。1972 年中文版试刊一期，1973 年正式复刊，季刊同时出版中、外文版。1974～1978 年，改为双月刊。1979 年起又改为月刊，并从 1996 年开始，中、外文版均按 A、B、C、D、E 辑出版。

A 辑：数学、物理学、力学与天文学；B 辑：化学；C 辑：生命科学，包括生物学、农学和医学；D 辑：地球科学，包括地质学、地理学、地球物理学、海洋学和大气科学；E 辑：技术科学。

中国科学期刊主要反映我国基础科学及农业、医学、技术科学方面具有创造性的代表我国科学水平的重要科研成果和学术论文。

E-mail：scichina@scichina.com；网址：http://www.scichina.com

(2)《科学通报》（Chinese Science Bulletin） 1950 年 5 月创刊，中国科学院科学通报编委会编辑，科学出版社出版。1966 年 12 期后停刊，1973 年 7 月复刊。该刊是中国科学院主办的综合性自然科学学术性刊物。它较及时、全面地报道了我国基础科学以及农业、医学和技术科学的基础研究成果和阶级性的科研成果。1980 年 1 月起增辟"研究通讯"专栏，简要报道科学工作者最新的研究成果。年度编写有总目录。

E-mail：csb@scichina.com；网址：http://www.scichina.com：8080/kxtb/CN

（3）《自然》（Nature）英国 1869 年创刊，Macmillan Journals Ltd. 出版，现由英国 Nature 出版集团（Nature Publishing Group，NPG）出版发行。它是世界著名的综合性自然科学刊物，稿件来自世界各国，侧重于生物科学。内容有论文（Articles）、来信（Letters to Nature）、简讯（Brief Communications）和短评（Communications Arising）。

Nature 出版集团（NPG）的姊妹刊有：Nature Genetics（1992 年创刊）；Nature Structural & Molecular Biology（1994 年创刊）；Nature Medicine（1995 年创刊）；Nature Biotechnology（1983 年创刊）；Nature Neuroscience（1998 年创刊）；Nature Cell Biology（1999 年创刊）；Nature Immunology（2000 年创刊）和 Nature Materials（2002 年创刊）。这 8 种月刊以发表原创性的研究论文。此外，还有 Nature Reviews Genetics；Nature Reviews Molecular Cell Biology；Nature Reviews Neuroscience（均于 2000 年创刊）；Nature Reviews Cancer 和 Nature Reviews Immunology（于 2001 年创刊）；Nature Reviews Drug Discovery（2002 年创刊）及 Nature Reviews Microbiology（2003 年创刊）；Nature Chemistry（2009 年创刊）。这八种刊物主要刊载综述、评论与研究进展方面的文章。

网址：http://www.nature.com

（4）《科学》（Science） 1883 年创刊，周刊，美国科学促进协会出版。它是自然科学的综合性刊物，是国际上著名的自然科学综合类学术期刊。《Science》杂志发表的论文主要涉及物理学、生命科学、化学、材料科学和医学领域。每年《Science》杂志还出版大约 15 期专辑，展示某一专门领域的最新成果，内容包括自然科学中各个学科的科研成果与综述文章。1995 年，《Science》杂志实现了上网，即科学在线《Science Online》，提供《Science》杂志全文、摘要和检索服务。

网址：http://www.sciencemag.org/

（5）《法国科学院会议报告，C 辑：化学》（Comptes Rem-dus Hebdomadaires des Seances de L'Academie des Sciences Seric C：Sciences Chimiques） 1835 年创刊，1966 年起分为 A、B、C、D 四辑。其中，C 辑主要发表物理化学、理论与应用化学、生物化学等方面的研究论文。此刊于 1981 起重新分为Ⅰ辑（数学）、Ⅱ辑（力学、物理、化学、空间科学、地球科学）及Ⅲ辑（生命科学）。

（6）《科学美国人》（Scientific American） 1845 年创刊，月刊，Scientific American Inc. 出版。它是一种高级科普性杂志。内容包括基础科学和技术科学各领域的进展情况、科学新闻及图书评论等。1979 年中国科学技术情报研究所重庆分所将此刊译成中文。刊名为《科学》。但由于发行量等原因，于 2005 年底停办。

网址：http://www.sciam.com

2. 综合性化学期刊

（1）《化学学报》（Acta Chemica Sinica） 原名《中国化学会杂志》（Journal of the Chinese Chemical Society），月刊，2004年改为半月刊。该刊为基础理论性化学科学期刊，是目前我国最重要的化学杂志。刊载化学各学科领域基础研究和应用基础研究的原始性、首创性成果，涉及物理化学、无机化学、有机化学、分析化学和高分子化学等，目前设以下4个栏目。研究专题、研究通讯、研究论文、研究简报。

该刊于1998年在国内化学类期刊中率先被美国SCI收录，并长期被国内外多种著名检索刊物和文献数据库摘引和收录，包括美国科学引文索引（SCI）、美国《化学文摘》（CA）、日本《科技文献速报》（JICST）、俄罗斯《文摘杂志》（AJ）等。

网址：http://www.sioc.ac.cn

（2）《化学通报》（Chemistry） 1934年1月创刊，原名《化学》，中国化学会编，月刊。该刊是一种综合性化学学术刊物。主要内容是：化学及其边缘学科的新进展、新动向的介绍和评述；研究工作简报和经验交流；现代化实验手段、实验技术介绍；新学科、新理论、新技术、新材料、新概念介绍；大学化学中有关基本理论、基本概念以及实验方法介绍；化学哲学问题、化学史、化学家介绍和化学简讯、学术活动报道；中国化学会通讯；书刊评价等。该刊编有年度总目录。

网址：http://www.hxtb.org

（3）《高等学校化学学报》（Chemical Journal of Chinese University） 1964年创刊，原名为《高等学校自然科学学报，化学化工版》。《高等学校化学学报》是化学学科的综合性学术刊物，主要刊登全国高等学校师生的优秀学术论文、研究简报、综论评述以及学术动态方面的文章，为月刊。此刊以研究论文、研究快报和综合评述等栏目集中报道广大化学工作者在无机化学、分析化学、有机化学、物理化学、高分子化学及其相关的生物化学、材料化学和医药化学等学科领域所开展的基础研究、应用研究和开发研究所取得的创新性的科研成果。该刊被美国ISI数据库、SCI、CA、EI、俄罗斯文摘杂志（P.Ж.）和日本《科技文献速报》、《中国科学文献数据库》等20多个国内外权威数据库和著名文摘刊物收录。

E-mail：cjcu@mail.jlu.edu.cn；网址：http://www.cjcu.jlu.cn

（4）《美国化学会志》（Journal of the American Chemical Society） 1879年创刊，月刊，1967年第89卷起又改为双周刊，美国化学会出版。此刊是美国最重要的化学杂志，也是美国化学文摘中摘入文摘最多的刊物之一。2012年JACS的SCI影响因子达到了10.677，2007年影响因子为7.885，而它的总引证次数和被引次数是排名第一。它主要发表化学领域各方面的原始论文与研究简讯。内容包括普通化学、物理化学、无机、有机、生物化学及高分子化学。编有主题索引又被改为关键词索引。

E-mail：jacs@mail.utexas.edu；网址：http://pubs.acs.org/journal/jacsat

(5)《化学研究报告》(Accounts of Chemical Research) 1968年创刊，月刊，美国化学会出版。该刊对当前化学领域中重要的研究进展，作出了扼要、深刻的评述，并对新的发现与假说进行讨论。同时刊载反应基础研究和应用基础研究最新进展的分析和评述文章。年度附有主题和作者索引。该刊被世图2003版《国外科学技术核心期刊总览》收录，也被SCI收录，2012年影响因子为20.833。

E-mail：jsv_acr@chem.ucla.edu；网址：http://www.acr.org

(6)《德国应用化学》(Angewandte Chemie International Edition) 化学领域的顶级期刊，是德国的化学类期刊，由Wiley公司出版，分德语版和英语版。SCI收录期刊，2012年的影响因子为13.734。Angew Chemie上收录的文章以简讯类为主，简讯主要分布在有机化学、生命有机化学、材料学、高分子化学等领域，无机化学、物理化学涉及相对较少。收录的论文要求原创性、结果的重要性、惊奇性、内容的通俗性以及科学的正确性。

E-mail：angewandte@wiley-vch.de；网址：http://onlinelibrary.wiley.com/journal/10.1002/(ISSN)1521-3773

(7)《自然化学》(Nature Chemistry) Nature Chemistry是一个专门发表介绍化学所有领域最重要、最尖端研究工作的高质量论文的月刊。化学经常被称作是一门核心学科，它在物理学和生物学等学科之间起一个桥梁作用，与工程和医学等多种不同的其他学科都有交叉。Nature Chemistry目的是将化学所有子学科的科学家聚到一起，通过提供一个关于这一学科的均衡观点、同时帮助推动不同化学领域之间的思想交流，从而成为化学界的一个重要资源。除了反应分析化学、无机化学、有机化学和物理化学这些传统核心领域的研究成果外，本刊还将介绍更大范围内的化学研究工作，其中包括（但不限于）催化、计算和理论化学、环境化学、绿色化学、药物化学、核化学、聚合物化学、超分子化学以及表面化学。其他交叉学科的话题如生物无机化学、生物有机化学、有机金属化学和物理有机化学等也将是本刊所要覆盖的内容。2012年影响因子为21.757。

E-mail：nchem@nature.com；网址：http://www.nature.com/nchem/index.html

(8)《英国化学会志》(Journal of the Chemical Society) 1841年创刊，早期刊名为Memoirs and Proceedings(1841～1847年)及Quarterly Journal of the Chemical Society of London(1848～1862年)。此刊是世界上有名的化学期刊之一，内容包括化学领域的各个方面。1966～1971年该刊分为四辑。A辑改名为Journal of the Chemical Society, Dalton Transactions (J. Chem. Soc., Dalton

Trans.，化学会志 Dalton 汇刊），该辑主要刊载无机化学方面的文章。B 辑改为 Journal of the Chemical Society，Perkin Tran sactions Ⅱ：Physcial Organic Chemistry（J. Chem. Soc，Perkin Trans. Ⅱ，化学会志，Perkin 汇刊Ⅱ："物理有机化学"），该辑主要刊载有机化合物反应动力学、物理化学、光谱学与结晶学技术在有机化学中的应用等方面的研究论述。C 辑改为 Journal of the Chemical Society, Perkin Transactions Ⅰ：Organic & Bio-organic Chemistry（J. Chem. Soc.，Perkin Trans.Ⅱ，化学会志，Perkin 汇刊Ⅰ："有机与生物有机化学"），该辑主要刊载有关合成与天然产品的有机与生物有机化学方面的文章。D 辑仍为化学通讯，只是刊名改为 Journal of the Chemical Society，Chemical Communications（J. Chem. Soc.，Chem. Commun.），主要刊载简讯，报道化学领域中的重要研究成果。

网址：http://www.rsc.org

（9）《化学通讯》(Chemical Communications) 该刊是由英国（Royal Society of Chemistry）出版，半月刊，2006 年 SCI 影响因子为 4.521。该刊主要刊载世界化学领域最新科研成果的简报，出版快速。论文可以随着工作的逐步完成而全文发表。此外，每期《化学通讯》都会刊登一篇特写，特写文章的作者均是各学科的代表人物。他们从个人角度对最新研究领域进行总结与评述。

网址：http://www.rsc.org/Publishing/Journals/cc/index.asp

（10）《澳大利亚化学杂志》(Australian Journal of Chemistry) 该刊创刊于 1948 年，是由澳大利亚（CSIRO Publishing）出版的英文月刊，主要刊载实验化学、理论化学和化工技术方面的研究论文、简讯和评论。国际标准刊号：ISSN：0004-9425，该刊被 SCI 收录，2006 年影响因子为 1.895。

网址：http://www.publish.csiro.au/nid/51.htm

（11）《加拿大化学杂志》(Canadian Journal of Chemistry/Journal Canadian de Chimie)

网址：http://www.en.wikipedia.org

（12）《日本化学会通报》(Bulletin of the Chemical Society of Japan；Bull. Chem. Soc. Jpn.)

E-mail：bulleo@chemistry.or.jp

（13）《化学快报》(Chemistry Letters) 由日本（日本化学会）出版的英文月刊，该刊被 SCI 收录，2006 年影响因子为 1.734。该刊主要刊载化学、工业化学和化学技术方面研究成果的简报。用英文出版。

网址：http://www.csj.jp/journals/chem-lett/index.html

（14）《中国化学》(Chinese Journal of Chemistry) 该刊为中国科协主管，中国化学会、中国科学院上海有机化学研究所主办，向国内外公开发行的英文版，月刊，创刊于 1983 年，1990 年起开始改用现刊名 "Chinese Journal of

Chemistry"。1999 年被 SCI 收录。主要刊载物理化学、无机化学、有机化学和分析化学等各学科领域基础研究和应用基础研究的原始性研究成果。特色栏目 account 由学科带头人撰写,对作者自己某一领域的研究进行总结和展望。2005 年由上海有机所学报联合编辑部与 Wiley-Vch 联合出版。

E-mail：bianji @ pub. sioc. ac. cn； 网址：http://www. sioc. ac. cn/publication/Chin. J. Chem

(15)《中国化学快报》(Chinese Chemical Letters) 该刊创刊于 1990 年 7 月,是中国化学会主办,中国医学科学院药物研究所承办的核心刊物,内容覆盖我国化学研究全领域,及时报道我国化学领域研究的最新进展及热点问题,月刊。该刊报道的是原始性研究成果,在《中国化学快报》发表通讯后,可以扩充内容在其他刊物上发表。《中国化学快报》1993 年起被 SCI-Search 收录,现已被 Chemical Abstract、日本科技文献速报、Chemistry Citation Index、Research Alert 等收录。

网址：http://zghxkb. periodicals. net. cn/gyjs. asp

3. 综述性化学化工期刊

这类期刊多是总结本学科在一段时间内的进展动态。文章多在大量原始论文的基础上加工综合分析而成。专门刊载综述性的综合性化学化工期刊数量并不多,但专业性的评述性期刊为数不少,而且有大量的评述性文章刊登在各种化学化工杂志上。科技人员在从事一项新的科研任务之前,常常希望能查阅到有关的综述性文献,以了解对一些课题研究的进展情况。下面介绍一些世界著名的综述性化学化工期刊。

(1)《化学评论》(Chemical Reviews) 美国 1924 年创刊,现为月刊,美国化学会出版。该刊被世图 2003 版《国外科学技术核心期刊总览》收录,2012 年 SCI 影响因子为 41.298。该刊主要刊载有关化学研究方面的评论性文章。编卷有关键词索引(1973 年前为主题索引)和著者索引。

E-mail：chemrev @ eefus. colorado. edu； 网址：http://pubs. acs. org/journal/chreay

(2)《化学会志评论》(Chemical Society Reviews) 英国 1947 年创刊,季刊,原名"Quarterly Reviews",1972 年改为现名,英国化学会出版,月刊。该刊被世图 2003 版《国外科学技术核心期刊总览》收录,也被 SCI 收录,2012 年影响因子为 24.892。它主要刊载化学理论与技术问题的讨论与化学进展方面的研究综述,其内容可包括有机、无机、物理、分析、理论和生物化学。年度有著者索引和题目索引。

网址：http://www. rsc. org/Publishing/Journals/cs/

(3)《化工进展》(Chemical Industry and Engineering Progress) 该刊于 1982 年创刊,由中国化工学会主办,化学工业出版社出版,双月刊。该刊被

CSCD 收录。主要刊载国内外化工领域的研究现状及发展动态。设有综述与进展、开发与应用、国内外新技术、知识窗、讨论与建议、化工信息等栏目。

网址：http://www.chinainfo.gov.cn/periodical/hgjz

(4)《化学进展》(Progress in Chemistry) 该刊是由中国科学院基础研究局、化学部、文献情报中心和国家自然科学基金委员会化学科学部共同主办，以刊登化学领域综述与评论性文章为主的学术性期刊。主要介绍化学专业领域国内外研究动向、最新研究成果及发展趋势。

《化学进展》已被以下 4 种 ISI 检索刊物收录：ISI Web of Science（ISI 网络版）、SCI-E（SCI 扩展版）、ISI Alerting Services（ISI 快讯）、Current Contents/Clinical Medicine（近期目次/临床医学）。

网址：http://hxjz.periodicals.com.cn

4. 化学化工各专业主要期刊

（1）物理化学、化学物理方面期刊

①《催化学报》(Chinese Journal of Catalysis) 1980 年 3 月创刊，中国科学院大连化学物理研究所主办，双月刊。该刊被 CSCD 收录。主要发表催化研究方面的论文，包括多相催化、均相络合催化、表面化学、生物催化、催化动力学以及有关边缘学科的理论和应用研究成果。还刊登研究快讯、研究简报等。研究论文有中、外文提要，年度有总目录。

②《分子催化》(Journal of Molecular Catalysis) 创刊于 1987 年，由中国化学会主办，双月刊。该刊内容侧重络合催化、酶催化、光助催化、催化过程中的立体化学问题、催化反应机理与动力学、催化剂表面态的研究与量子化学在催化学科中的应用等。栏目有研究论文、研究简报、研究快报和进展与评述等。

③《化学物理学报》(Chinese Journal of Chemical Physics) 1988 年创刊，由中国物理学会主办，双月刊。该刊主要报道化学物理学科领域的科研成果，刊载有关分子间相互作用、光化学、分子结构、量子化学、分子反应动力学、表面科学、聚合物、统计力学等方面的研究论文、研究简报及特邀专题评论。

网址：http://www.cpenet.org/c-qk-hxwl.htm

④《物理化学学报》(Acta Physico-Chemica Sinica) 1985 年创刊，由中国化学会主办，月刊。该刊主要报道中国物理化学领域的最新研究成果、原始性创新性研究成果、各分支学科的发展动向，综述物理化学的研究热点和前沿课题。内容涉及热力学、热化学、化学动力学和分子动态学、电化学、结构化学、胶体及界面化学、催化、量子化学及计算化学、材料物理化学及生物物理化学等方面。

网址：http://www.chinainfo.gov.cn/periodical/wlhxxb

⑤《物理化学鉴》(Annual Review of Physical Chemistry；Amnu) 美国 1950 年创刊，Annual Reviews 出版。该刊主要刊载物理化学方面的评述性论文。卷有著者索引、主题索引。1960 年第 11 卷卷末附有 1～11 卷的累积撰稿

人名索引和累积篇名索引。1961年开始，每卷都附有前5卷（包括本卷）的累积索引。

⑥《物理化学杂志》（The Journal of Physical Chemistry）美国　1896年创刊，美国化学会出版。1947年第51卷曾改名为"Journal of Physical & Colloid Chemistry"，该刊主要刊载世界第一流物理化学家所发表的物理化学方面的原始研究论文和通讯、评论、快讯以及部分专题会议录。学科范围广阔，有光谱、结构、分子力学、激光化学、化学动力学、表面科学、界面、统计力学和热力学等。该刊被SCI收录，2006年影响因子为3.047。此刊的索引系统曾多次变更。目前，卷有著者索引和关键词索引，期也有著者索引。

网址：http://pubs.acs.org/journals/jpcafh/index.html

⑦《催化杂志》（Journal of Catalysis；J. Cataly.）美国　1962年创刊，Academic出版。它主要刊载多相催化、均相催化方面的原始研究文章，其中包括表面化学研究、多相和均相催化、表面化学反应的催化性质研究，以及与催化有关的工程研究等。发表论文、札记和书评，卷有著者索引、主题索引及卷总目次表。

网址：http://www.elsevier.com/wps/find/journaldescription.cws_home/

⑧《化学热力学杂志》（The Journal of Chemical Thermodynamics）英国　1969年创刊，月刊，Academic出版。主要登载热力学方面的研究文章，卷有总目次和总索引。

⑨《化学物理快报》（Chemical Physics Letters）荷兰　1967年创刊，原为月刊，现为半月刊，由N. Holland出版。该刊主要发表化学物理方面的研究文章，文章用英文发表。卷末附有该卷作者索引，每10卷出累积总索引（按著者字顺排列，后注明论文题目及刊载页码）。

⑩《热化学学报》（Thermochemica Acta）荷兰　1970年创刊，半月刊，Elsevier出版。该刊主要刊载物质的热分析、热化学、化学热力学和热分析技术等方面的原始研究论文和札记。文章多用英文发表，少数用法、德文发表。卷有著者和主题索引。1981年出50卷时，附有1～50卷的累积著者索引和主题索引。

（2）无机化学方面的期刊

①《无机化学学报》（Chinese Journal of Inorganic Chemistry）中国　1989年创刊，由中国化学会主办，双月刊，该刊主要报道我国无机化学研究领域中的配位化学、物理无机化学、有机金属化学、生物无机化学、配位催化等最新研究成果，综述无机化学的研究热点和前沿课题。主要栏目有进展与评述、研究论文、研究简报和动态等。

网址：http://www.chinainfo.gov.cn/periodical/wjhxxb

②《无机化学》（Inorganic Chemistry）美国　1962年创刊，月刊，美国化学会出版（英文）。该刊主要刊载无机化学所有领域的理论、基础和实验研究论

文与简讯。包括新化合物的合成方法和性能、结构和热力学的定量研究、无机反应的动力和机理、生物无机化学、某些有机金属化学、固态现象和化学键理论等。卷有著者索引和关键词索引（1972年以前为主题索引）。该刊被 SCI 收录，2012 年影响因子为 4.593。

网址：http://pubs.acs.org/journals/inocaj/index.html

③《配位化学杂志》（Journal of Coordination Chemistry）英国 主要刊载与配位化学相关的原始性研究论文（包括配位化合物的合成、配体选择、性质、应用）以及评论与简讯。

网址：http://www.tandf.co.uk

④《无机化学学报》（Inorganica Chemica Acta）瑞士 1967 年创刊（英文）刊载该领域的研究成果。涉及合成、活化性、金属有机化合物、催化反应、电子传递反应、反应机制和分子模型等。该刊被 SCI 收录，2012 年影响因子为 1.687。

网址：http://www.elsevier.com/wps/find/journaldescription

⑤《无机化学评论》（Reviews in Inorganic Chemistry） 1975 年创刊，由以色列（Freund & Pettman Publishers）出版（英文），主要刊载无机化学研究进展方面的评论。该刊被 SCI 收录，2012 年影响因子为 1.375。

网址：http://www.freundpublishing.com/Reviews_Inorganic_Chemistry

⑥《欧洲无机化学杂志》（European Journal of Inorganic Chemistry） 1868 年创刊，由德国（Wiley-VCH Verlag GmbH & Co. KGaA）出版（英文），半月刊。该刊被 SCI 收录，2012 年影响因子为 3.12。主要发表有关无机化学和有机金属化学研究方面的论文。1998 年起由比利时、法国、德国、意大利和荷兰等 5 国的国家化学会联合编辑。

网址：http://www3.interscience.wiley.com/cgi-bin/jhome/27721

⑦《配位化学评论》（Coordination Chemistry Reviews）荷兰 1966 年创刊。该刊是国际性刊物，主要刊载对配位化学及相关金属有机化学、理论化学和生物无机化学的综论，有关技术的最新成果以及会议消息与书评。该刊被 SCI 收录，2012 年影响因子为 11.016。

⑧《无机化学进展》（Progress in Inorganic Chemistry） 1959 年创刊，由美国（John Wiley & Sons Inc.）出版，月刊。该刊主要刊载无机化学领域的综述与进展方面的文章。

E-mail：nwallwor@wiley.com.sg；网址：http://as.wiley.com/WileyCDA/WileyTitle/

（3）有机化学方面的期刊

①《有机化学》（Chinese Journal of Organic Chemistry）中国 1975 年 1 月创刊，中国科学院上海有机化学研究所编。原为季刊，1981 年起改为双月刊。

该刊是有机化学专业的学术性刊物。内容包括：国外有机化学的新进展（包括新理论、新成果、新技术、新方法）；国内有机化学方面的学术论文、研究简报和知识讲座等。

网址：http://sioc-journal.cn/Jwk_yjhx/CN/volumn/current.shtml

②《有机化学杂志》（Journal of Organic Chemistry）美国 1936年创刊，美国化学会出版。原为月刊，1971年第36卷起改为双周刊。该刊主要刊载有机化学各个方面的研究论文，内容涉及理论有机化学、有机反应、天然产物反应和机理及相关的光谱学研究。每卷有著者索引和主题索引（1972年起改为关键词索引）。1957年第22卷起，又增加了期著者索引。该刊被SCI收录，2012年影响因子为4.564。

网址：http://pubs.acs.org/journals/joceah/index.html

③《杂环化学杂志》（Journal of Heterocyclic Chemistry）美国 该刊名为"国际杂环化学杂志"。主要登载杂环化学方面的研究论文、述评、札记与简讯。文章用英文、德文和法文发表（英文居多数），卷有著者索引和环系索引。

④《合成通讯》（Synthesize Communication）美国 1971年创刊。原为双月刊，1976年第6卷起改为年出8期。本刊主要登载合成有机化学方面论文。内容包括合成步骤及有机合成中各种试剂的制备与使用的方法介绍，卷编有著者和主题索引。

⑤《四面体》（Tetrahedron）英国 由英国（Elsevier Science）出版。该刊主要发表有机化学及其应用的相关领域的理论与实验研究的重大成果，内容包括有机反应、有机合成、天然产物化学、有机反应机理研究、有机波谱等，2012年影响因子为2.803。

网址：http://www.chemweb.com/journals/elsevier

⑥《四面体快报》（Tetrahedron Letters）英国 1959年创刊，由英国（Elsevier Science）出版，初为不定期刊物，1964年改为周刊。该刊以摘要的形式提供了世界各国的有机化学研究的快速情报。文章主要用英文发表（也有少量的法文和德文）。此刊起初只编有卷目次表，1964年起编有主题索引和著者索引。该刊被SCI收录，2012年影响因子为2.397。

网址：http://www.elsevier.com/wps/find/journaldescription.cws_home

⑦《有机金属化学杂志》瑞士 1963年创刊，现为周刊，该刊刊载的文章内容包括有机金属化学的理论问题、结构、合成反应处理、化学特性及实际应用等。文章用英、德、法文种发表，附有英文摘要，卷有著者索引和主题索引。

⑧《碳水化合物研究》（Carbohydrate Research）荷兰 该刊主要刊载有关碳水化合物的研究论文、札记与简讯。文章多数用英文（少数用法文或德文）发表，附有英文摘要。

网址：http://www.sciencedirect.com/science/journal/00086215

⑨《合成》(Synthesis) 西德（副刊名：有机合成化学方法国际性杂志）1969 年创刊，月刊。内容分为评述、通讯和文摘三部分。评述性文章多数用英文（极少数用德文）发表，并附有英文摘要。文摘选录了近代文献中有机合成化学方面的新方法。1972 年以前，该刊编有作者索引和关键词索引。

（4）高分子化学方面的期刊

①《高分子学报》(Acta Polymerica Sinica) 中国　《高分子学报》是 1957 年创办的中文学术期刊，曾用名《高分子通讯》，月刊，中国化学会、中国科学院化学研究所主办。主要刊登高分子化学、高分子合成、高分子物理、高分子物理化学、高分子应用和高分子材料科学等领域中基础研究和应用基础研究的论文、研究简报、快报和重要专论文章。

网址：http://www.gfzxb.org

②《聚合物科学》(Journal of Polymer Science) 美国　聚合物科学分为 Part A 聚合物化学 (Part A Polymer Chemistry) 和 Part B 聚合物物理 (Part B Polymer Physica)。聚合物化学主要刊载有机聚合物包括有机、生物有机、物理有机、生物无机、生物化学相关的单体、低聚物、聚合物、催化、反应及结构与性能等方面的原始性研究论文。

③《大分子科学杂志》(Journal of Macromolecular Science) 美国　1967 年创刊，Marcel Dekker 出版。当时该刊分为三个分册：A，化学 (Chemistry)；B，物理 (Physics)；C，大分子评论 (Reviews in Macromolecular Chemistry)，后改为聚合物评论 (Polymer Review)。

1971 年又增加了 D 分册《聚合物工艺评论》(Reviews in Polymer Technology)，此分册 1973 年改名为《聚合物-塑料工艺与工程》(Polymer-plastics Technology & Engineering)。

④《大分子》(Macromolecules) 美国　1968 年创刊，双月刊，美国化学出版。刊载有关聚合物化学的原始论文、研究简讯和评述性文章。主要涉及合成、聚合机理与动力学、化学反应、溶液特性、固态特性、有机和无机聚合物以及生物聚合物的特性等。卷有著者索引和关键词索引（1973 年以前为主题索引）。该刊被 SCI 收录，2012 年影响因子为 5.521。

网址：http://pubs.acs.org/journals/mamobx/index.html

⑤《聚合物》(Polymer) 英国　1960 年创刊，由英国 (Elsevier Science) 出版，原为季刊，1964 年起改为月刊。从 1978 年起，加小刊名"聚合物科学与工艺学国际性杂志"。该刊主要登载聚合物的合成、结构、性能，聚合物工程，聚合物加工和聚合物应用等方面的论文与评论。卷有分类目次表和作者索引。该刊被 SCI 收录，2012 年影响因子为 3.379。

网址：http://www.elsevier.com/wps/find/journaldescription

⑥《应用聚合物科学杂志》(Journal of Applied Polymer Science) 1956 年

创刊，由美国（John Wiley & Sons Inc.）出版，半月刊。该刊作为聚合物研究的综合性情报源之一，主要刊载聚合物科学在各学科领域应用的研究进展和成果。2012 年 SCI 影响因子为 1.395。

网址：http://www.interscience.wiley.com/cgi-bin/jhome/30035

⑦《聚合物科学进展》（Progress in Polymer Science）英国 1967 年创刊，由英国（Elsevier Science）出版，月刊，该刊被 SCI 收录，2012 年影响因子为 26.383。

网址：http://www.elsevier.com/wps/find/journaldescription.cws_home

⑧《欧洲聚合物杂志》（European Polymer Journal）英国 1965 年创刊，由英国（Elsevier Science）出版，月刊。刊载合成与天然高分子物质的理论和实验制备方法、加工工艺、性质与应用等方面的研究论文、评述与简报。该刊被 SCI 收录，2012 年影响因子为 2.562。

网址：http://www.elsevier.com/wps/find/journaldescription.cws_home

（5）分析化学方面的期刊

①《分析化学》（Analytical Chemistry）中国 该刊是中国科学院和中国化学会主办的专业性学术刊物，1973 年创刊。主要报道我国分析化学的科研成果，反映国内外分析化学的进展和动向。内容包括研究报告、工作简报、国内外分析化学新进展、新动向和新成就、学术论文和学术活动信息等。

②《分析科学学报》（Journal of Analytical Science） 1985 年创刊，由武汉大学等主办，双月刊。该刊主要报道分析化学领域的科研成果及最新进展与动向，包括新理论、新方法、新仪器和新技术等。栏目有研究报告、研究简报、仪器研制技术交流与实验技术、动态与信息之窗等。

网址：http://www.chinainfo.gov.cn/periodical/

③《化学试剂》（Chemical Reagents）中国 1970 年创刊，由化工部化学试剂科技情报中心站主办，双月刊。主要报道国内外化学试剂方面的科研成果、研究动态、发展水平及生产经营动态等。主要栏目有研究报告与简报、专论与综述、试剂介绍、经验交流等。

④《分析化学家》（Analyst）英国 1876 年创刊，由英国（Royal Society of Chemistry）出版，月刊。主要刊载分析科学理论与实践的原始研究论文，并定期发表重要技术及其应用的评论。内容涉及与分析科学相关的领域，包括分析化学、食品化学、环境化学、生物化学、生物技术、工业化学与医药化学等。该刊被 SCI 收录，2012 年影响因子为 3.969。

网址：http://www.rsc.org/Publishing/Journals/an/index.asp

⑤《分析化学》（Analytical Chemistry）美国 美国化学会出版。该刊主要刊载分析化学理论与应用方面的研究论文、札记及简讯，并有新仪表、新设备、新化学品报道。主要刊载分析化学原理与应用方面的优秀论文。侧重对现代环

境、药物、生物技术和材料科学的实际问题的探讨。2012 年 SCI 收录影响因子为 5.695。

网址：http://pubs.acs.org/journals/ancham/index.html

⑥《分析化学评论》（Critical Reviews in Analytical Chemistry） 1971 年创刊，由美国（Taylor & Francis, CRC Press Inc.）出版，季刊。该刊主要刊载分析化学领域的研究成果和进展。2012 年 SCI 收录影响因子为 2.892。

网址：http://www.tandf.co.uk/journals/titles/10408347.asp

⑦《色谱科学杂志》（Journal of Chromatographic Science）美国 1963 年创刊，月刊。原名"Journal of Gas Chromatography"，1969 年第 7 卷起改用现名。该刊主要刊载介绍色谱法及其应用方面的文章。年度编有著者索引和分类主题索引。1967 年以前，还编了当年有关气体色层法文献的索引和目录。

⑧《塔兰塔》（Talanta） 1958 年创刊，由荷兰（Elsevier Science）出版，月刊。小刊名为"国际分析化学理论与应用杂志"。该刊主要刊载介绍无机物和有机物各种分析方法及其研究进展方面的文章。卷有主题索引和著者索引。2012 年 SCI 影响因子为 3.498。

网址：http://www.en.wiktionary.org

⑨《分析通讯》（Analytical Communication）美国 1967 年创刊，月刊。内容包括光谱测定、分离、环境分析、色层法、生物化学分析与临床分析、电化学及总论等部分。

（6）应用化学方面的期刊

①《应用化学》（Chinese Journal of Applied Chemistry）中国 1983 年创刊，双月刊，中国科学院长春应用化学研究所《应用化学》编辑部编辑出版。评述当前化学科学研究的热点和前沿课题，报道有应用前景的科研成果和阶段性成果。设有综合评论、研究论文、研究简报、研究快报、简讯、新产品介绍等栏目。

②《理论化学与应用化学》（Pure and Applied Chemistry） 1960 年创刊，由美国（IUPAC Secretariat）出版，月刊。该刊主要刊载化学领域的研究论文和评论。2012 年 SCI 收录的影响因子为 3.386。

网址：http://www.iupac.org/publications/pac/index.html

（7）环境科学及环境化学方面的重要期刊

①《环境化学》（Environmental Chemistry）中国 1982 年 2 月创刊，双月刊。中国科学院环境化学研究所、中国环境科学学会环境化学专业委员会编辑出版。该刊主要刊载环境污染化学、环境分析化学及化学污染控制等方面的专论和研究报告。年度有总目录。

网址：http://hjhx.rcees.ac/cn

②《环境科学学报》（Acta Sciential Circumstantiate）中国 1981 年创刊，

月刊,由中国科学院环境科学委员会该刊编委会编辑,科学出版社出版。主要刊载环境科学方面的学术论文,并报道综合性的重大研究成果。文章附有中、英文摘要,年度有中、英文总目录。

网址:http://www.actsc.cn/hjkxxb

③《环境科学》(Environmental Sciences) 中国 1976年8月创刊,中国科学院环境科学委员会该刊编委会编辑,科学出版社出版。该刊登载有关环境科学基础理论、环境工程、分析监测和环境医学等方面的科学论文、研究报告、专题综述、动态和简讯,年度有总目录。

④《环境污染与毒物学通报》(Bulletin of Environmental Contamination and Toxicology) 美国 1966年创刊,月刊。该刊主要刊载有关环境污染及各种毒素对整个环境影响的研究文章。内容包括对空气污染、水污染和农药残留物污染的分析,以及环境污染的生理学与病理学概念等,卷有主题索引。SCI收录期刊,SCI 2012年影响因子为1.105。

⑤《环境科学与技术》(Environmental Science and Technology) 美国 1967年创刊,月刊,美国化学会出版。该刊主要刊载运用化学科学与技术控制环境污染方面的研究文章,年度(卷)编有人名索引和主题索引。SCI收录期刊,2012年影响因子为5.257。

⑥《国际环境分析化学杂志》(Journal of Internation Environmental in Analytical Chemistry) 英国 1971年创刊。原为季刊(每年一卷),1981年改为年出8期(每年两卷)。主要刊载有关环境物质分析方面的研究论文,并介绍新的分析方法等。各卷的著者索引和主题索引,登载在与该卷相接的下一卷的第2期或第3期。

⑦《化学圈》(Chemistry Circle) 英国 1972年创刊,原为双月刊,1977年第6卷起改为月刊。小刊名为"有关环境问题的化学、物理学、生物学与毒物学"。该刊为快报形式报道涉及环境化学、环境物理和环境生物学领域的研究文章和简讯。该刊上的文章采用英、德、法等多种文字发表,各卷编有著者索引和主题索引。

⑧《绿色化学》(Green Chemistry) 英国 1999年创刊,由英国(Turpin Distribution Services Ltd.)出版,月刊。主要刊载原始的研究性论文、综述、通讯、新闻及简讯。论题围绕用化学技术和方法去减少或消灭那些对人类健康或环境有害的原料、产物、副产物、溶剂和试剂的生产和应用,如改进生产方式、程序和转运系统,设计安全的化学品,使用可持续资源,使用绿色溶剂和材料以替代原料,生物技术和提高加工工艺,废物最小化技术,对环境影响因素的评估方法与工具等。该刊被SCI收录,2012年影响因子为6.828。

E-mail:greenchem@york.ac.uk;网址:http://www.rsc.org/Publishing/Journals/gc/index.asp

(8) 化工工业、化学工程方面的期刊

① 《化工学报》（Journal of Chemical Industry and Engineering） 中国 1951的创刊，原名《化学工业与工程》，由"中华化学工业会"出版的《化学工业》和"中国化学工程学会"出版的《化学工程》两刊合并而成。合并后的新刊，由中国化工学会编辑出版。1952年第4期改为现名。该刊主要刊载我国化工领域中具有创新性的基础研究与应用研究成果，促进国内外学术交流。内容涉及化学工艺、化学工程、化工设备、过程开发以及与化工学科有关的化工冶金、环境工程、生化工程等方面。

网址：http://www.chinainfo.gov.cn/periodical/hgxb

② 《化学工程》（Chemical Engineering） 中国 1972年3月创刊，双月刊，化工部化学工程设计技术中心站该刊编辑部编，化工部第六设计院出版。该刊为化学工程设计方面的专业性技术期刊。主要内容为有关化工单元操作、化学反应工程、化工热力学、化工基础数据、化工计算机应用、化工过程开发、化工系统工程以及化工数学等设计方面的专题总结、技术革新报道和论述，并对国外化学工程方面的技术和进展作了适当的介绍，年度有总目录。

网址：http://chinahualueng.com

③ 《现代化工》（Modern Chemical Industry） 中国 1980年9月创刊，双月刊，该刊编辑部编，化学工业部科学技术情报研究所出版。该刊是综合性的化工科技情报刊物。主要内容包括：化学工业科技进展和评述；化学工业科研、生产、建设的技术经济分析；化学工业技术政策与经营管理；新产品、新技术、新工艺、新设备、新材料等科技动态；各国或大公司工业发展概况简介；化学工业资料等。年度有总目录。

网址：http://www.chinainfo.gov.cn/periodical/xdhg

④ 《美国化学工程师协会会志》（AIChE Journal） 1955年创刊，原为季刊，现为月刊。内容包括化工方面重要的原始性论文，重要论题的评述性文章，研究简讯和书评。年度有著者索引、主题索引。该刊被SCI收录，2012年影响因子为2.493。

网址：http://www3.interscience.wiley.com/cgi-bin/jhome/

⑤ 《化学工艺学》（Chemical Technology） 美国 1971年创刊，美国化学会出版。主要刊载化学工艺学方面的原始性研究文章，以及与化学和工程学有关问题的讨论文章。年度编有分类主题索引和作者索引。1980年改为按作者姓氏字顺排列年度索引，著者不列出文章题目和页码。

⑥ 《化学工程》（Chemical Engineering） 美国 1902年创刊，1946年8月第53卷起改为现名。该刊主要刊载化工方面科研、设计、生产和管理技术等方面的文章，以及化工新闻、市场统计及一般化工知识等文章。

⑦ 《化学工程与技术》（Chemical Engineering and Technology） 1978年创

刊，由德国（Wiley-VCH Verlag GmbH & Co. KGaA）出版，月刊。该刊刊载工业化学、加工工程、化工设备及生物技术方面的研究论文、评论和研究简讯。2012 年 SCI 收录影响因子为 1.366。

网址：http://www3.interscience.wiley.com/cgi-bin/jhome/10008333

⑧《化学工程研究与设计》（Chemical Engineering Research & Design） 该刊由英国（Taylor & Francis）出版，月刊。2012 年 SCI 收录影响因子为 1.927。

网址：http://www.icheme.org/publications/journals

⑨《化学工程科学》（Chemical Engineering Science） 英国 1951 年创刊，由英国（Elsevier Science）出版，半月刊。该刊主要刊载化学、物理和数学在化学工程领域中的应用，包括气体、液体和固体物质加工、过程设计与车间设计、化学加工新技术的开发，以及化学热力学、分离过程、过程控制、传质等方面的研究论文和评论。2012 年 SCI 收录影响因子为 2.386。

网址：http://www.elsevier.com/wps/find/journaldescription

（9）农药工业方面的期刊

①《世界农药》（World Pesticides） 中国 1979 年创刊，双月刊。原刊名为《农药工业译丛》，1981 年起改为《农药译丛》（Translated Collection of Pesticide），1999 年改为现名，双月刊。上海市农药研究所编辑。目前，该刊是报道国外农药生产、应用及科研等方面科技资料的国内唯一公开发行的刊物。其内容包括农药生产各种技术，年度有总目录。

②《农药》（Pesticides） 中国 1981 年创刊，由沈阳化工研究院主办，月刊。该刊主要刊载国内外农药（包括杀虫剂、杀菌剂、除草剂、植物生长调节剂、杀鼠剂等）、中间体及助剂的生产、加工、分析与应用等方面的文章。内容涉及面广，包括新品种、新工艺、新技术；有关药理、作用机制的探讨；农药废物的处理及副产品的综合利用；残留毒性及环境保护等。从 1975 年起，该刊增加了"国内资料文摘"栏，并编有年度总目录，1975 年末期附有 1972～1975 年总目录，1980 年附有 1976～1980 年总目录。

③《农药科学》（Pesticides Science） 英国 1970 年创刊，双月刊，英国化学工业协会编辑，科学出版社出版。该刊主要刊载有关农药研究成果的原始论文，并有书译和植物保护方面的会议预告。

④《农药学学报》（Journal of Pesticides） 中国 中国农业大学主办。1999 年 6 月创刊，季刊。本刊全面报道农药学各分支学科有创造性的最新研究成果与综合评述。主要栏目有综述、研究论文、研究简报。

（10）化学教育方面的期刊

①《化学教育》（Journal of Chemical Education） 中国 1980 年 4 月创刊，双月刊，中国化学会主办，化学杂志社出版。该刊围绕化学的主要基础学科，以提高教师的业务水平与化学教学质量为目的，刊载的内容包括：课程设置与改

革；教材内容的改革与研究；教学方法的改进与试验；实验技术的推广、化学史与化学家简介；国内外化学教育动态分析等，该刊年度编有总目录。

②《化学教育杂志》(Journal of Chemical Education) 美国 1924 年创刊，月刊。该刊为美国化学会化学教育组的机关刊物。它除刊载用于教育目的的化学、化学工业与化学史等方面的研究论文与评述外，还对化学实验室设备与安全，以及中高等学校的化学教育组织等问题展开讨论，并登有最新化学图书与教材的简介，该刊每卷均有作者索引和书评索引。

③《化学教育》(Journal of Chemical Education) 日本 1952 年创刊，日本化学会出版。主要刊载有关高等学校化学和化学教育方面的研究论文、实验记录、实验报告及化学教育会议报道等，并刊有教育仪器广告，该刊编有年度总索引。

④《化学教育》(Education in Chemical) 英国 1964 年创刊，英国 (Royal Institute of Chemistry) 编辑出版。它主要刊载英国大、中学校有关化学教学的评论性文章，并辟有仪器研制、书评、会议信息等专栏，年度编有著者索引和主题索引。

二、与期刊有关的化学资源数据库

1. 常用化学资源数据库概述

网络数据库具有信息量大、品种齐全、内容丰富、数据标引深度高、检索功能完善、更新更快、使用方便等特点，是查找化学文献的重要信息源。

(1) 数据库类别　数据库按内容和文献类型划分为参考数据库、全文数据库，事实数据库。

① 参考数据库（Reference Databases）　参考数据库指包含各种数据、信息或知识的原始来源和属性的数据库，即书目、文摘、索引等。如 SCI，EI，CSA，CCC，ISTP，DⅡ数据库。

② 全文数据库（Full-Text Databases）　全文数据库指收录有原始文献全文的数据库，以期刊论文、会议论文、政府出版物、研究报告、法律条文和案例、商业信息等为主。如 Association for Computing Machinery, Academic Research Library, Academic Search Premier, PQDD, 中国期刊全文数据库。

③ 事实数据库（Factual Databases）　事实数据库指包含大量数据、事实的数据库，如数值数据库、指南数据库、术语数据库等，相当于印刷型文献中的字典、辞典、手册、年鉴、百科全书、组织机构指南、人名录、公式与数表、图册（集）等。如 BeilStein、人类生物基因组数据库、万方数据库系统（标准、统计资料）。

(2) 常用的化学资源数据库　数据库由不同的出版商发行，因此在收录范围、学科特色上互不相同，各有所长。目前使用频率较高的化学资源数据库有以下几种。

参考数据库：SciFinder Scholar 数据库、Web of Science 数据库。

事实数据库：ISI Chemistry 数据库、Web of Science 数据库。

专业全文数据库：ACS Publications 美国化学会期刊全文数据库，RSC Publishing 英国皇家化学会期刊全文数据库。

综合性全文数据库：Elsevier Science Direct 爱思唯尔出版社期刊全文数据库，Wiley InterScience 电子期刊全文数据库，SpringerLink 施普林格出版社全文数据库，中国期刊全文数据库，维普中文科技期刊全文数据库。

(3) 利用数据库的注意事项

① 首次使用数据库，要仔细阅读数据库使用说明。

② 大部分数据库都是通过校园网 IP 地址来限制用户访问的，尤其是全文访问权限。有的数据库只有部分年代，访问之前的年代需要输入用户名和密码，以期刊数据库为多，如 Springer，Johnwiley。

③ 遵守校园网电子资源管理办法，注意知识产权的保护，禁止违规恶意下载行为，维护出版商的合法权益。

2. SCI 科学引文索引数据库

(1) SCI 科学引文索引数据库（Web of Science-Science Citation Index Expanded）简介 ISI Web of Science-Science Citation Index Expanded 是 SCI 的 Web 版，美国科学情报研究所（ISI-Institute for Scientific Information）ISI 公司推出的其网络版的数据库 Web of Science。Web of Science 包括 ISI 公司的三大引文数据库，内容涵盖了自然科学、工程技术、社会科学、艺术与人文等诸多领域内最具影响力的多种学术期刊。其中 Science Citation Index Expanded 是 Web of Science 重要的一部分。Science Citation Index Expanded 共收录期刊 6000 余种，每周平均新增 19000 条记录，记录包括论文与引文（参考文献），其引文记录所涉及的范围十分广泛，包括书、期刊论文、会议论文、专利和其他各种类型的文献。Science Citation Index Expanded 是一个多学科的综合性数据库，其所涵盖的学科超过 150 个，主要涉及以下领域：农业、生物及环境科学，工程技术及应用科学，医学与生命科学，物理学及化学，行为科学等。Web of Science 数据库收录了各个学科领域中最具权威性和影响力的学术期刊（见表 4-1）。同时，Web of Science 数据库还收录了每一篇论文中所引用的参考文献，并按照被引作者、出处和出版年代编制成索引，建立了世界上影响力最大、最权威的引文索引数据库。通过独特的引文检索，可以了解研究内容和研究方向的演变，而不受限于关键词的变迁。

(2) SCI 科学引文索引数据库的功能与作用

表 4-1　Web of Science 数据库收录内容

收录数据库名称	收录年限	数据库内容	更新频率
Science Citation Index Expanded(SCI) 科学引文索引	1900 年至今	6000 多种科学技术期刊	每周
Social Sciences Citation Index(SSCI) 社会科学引文索引	1956 年至今	1700 多种社会科学期刊	每周
Arts & Humanities Citation Index (A&HCI) 艺术人文引文索引	1975 年至今	1140 多种艺术与人文类期刊	每周
Conference Proceedings Citation Index (CPCI) 会议论文引文索引	1990 年至今	多学科领域国际会议论文文摘及参考文献索引	每周
Current Chemical Reactions(CCR-EX-PANDED) 化学反应趋势	1840 年至今	收录一步或多步新合成方法	每周
Index Chemica(IC)	1993 年至今	收录重要期刊报道的新颖有机化合物的结构和关键数据	每周

① 独特的文献检索功能　利用 SCI 独特的引文检索体系，不仅可以从文献引证的角度评估文献的学术价值，还可以迅速地组建研究课题的参考文献网络。通过被引文献检索（Cited Reference Search），可以轻松地回溯或追踪学术文献，既可以"越查越旧"，也可以"越查越新"，超越学科与时间的局限，迅速地发现在不同学科、不同年代所有与自己研究课题相关的重要文献。

② 分析功能　利用检索结果可以深入分析课题研究趋势，发现技术热点，揭示论文间的相互联系，通过文章和会议论文的引用情况做各种各样的分析，如按照作者分析，可了解某个研究的核心研究人员是谁，按照国家和地区分析，可了解核心研究国是哪里，按出版年分析，可了解研究的发展趋势，按照学科分类分析，可了解研究涉及了哪些领域等。

③ 评价功能　SCI 科学引文索引数据库收录了期刊和论文的被引证资料，具备期刊和论文的影响力评估、科研绩效评价等功能，已成为科研评价的一种依据。其评价功能主要体现在下述五个方面：对科研成果的评价；对科技人才的评价；对科研机构的评价；对科学出版物的评价；对科学学科本身的评价。

（3）Web of Science 数据库的检索方法　Web of Science 提供 General Search（普通检索）、Cited Reference Search（引文检索）、Structure Search（化学结构检索）和 Advanced Search（高级检索）四种主要的检索方式（见图 4-1）。

（4）普通检索（General Search）　普通检索是通过主题（Topic）、著者（Author）、来源期刊名（Source）、著者单位（Address）检索来源文献。

① 主题检索（Topic Search）　输入检索词或词组，在文献篇名（Title）、文摘（Abstract）及关键词（Key words）字段中进行检索，可使用算符（AND、OR、NOT、SAME 或 SENT）连接词或词组，也可用截词符进行截词检索。

② 著者检索（Author）　输入著者、编者姓名，姓在前，后跟一个空格和名

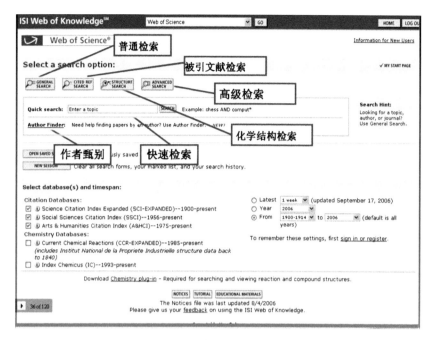

图 4-1　Web of Science 数据库主检索界面功能示意图

的首字母，名的首字母最多取 5 个，允许使用截词符。如果著者名的首字母不能完全确定，可以在已知的首字母后用截词符号"﹡"截断（如 HOFFMANE﹡），没有名首字母也可只输入姓，在"姓"后加截词符。

③ 来源出版物（Source Title）　输入期刊的全称或缩写，可使用算符（OR），也可用截词"﹡"检索。Source List 列出了 Web of Science 收录的全部期刊，可以复制期刊名称到检索框进行检索。

④ 地址检索（Address）　输入著者所在国家、城市、机构、大学学院、公司的地理名称或邮政编码等检索。许多地址经常采用一些不能用于检索的缩写词。按照 Web of Science 规定，不允许单独用这些缩写词检索，例如，在地址字段中输入 UNIV 一个词检索是无效的，应该输入 UNIV PENN 或者 UNIV PA。可通过在线帮助系统获取地址缩写表。

（5）引文检索（Cited Reference Search）　以被引著者、被引文献和被引文献发表年代作为检索点进行检索。这三个检索字段可以单独或同时使用，系统默认多个检索途径之间为逻辑"与"的关系。

① 引文著者检索（Cited Author）　输入被引文献的第一著者进行检索，如果引文为 Web of Science 收录论文，则可以用被引文献的所有著者检索。

② 引文出版物检索（Cited Work）　输入引文所在期刊刊名缩写、书名缩写或专利号，可使用算符（OR）。点击"List"，查看并复制粘贴准确的刊名缩写

形式。

③ 引文年代检索（Cited Year） 输入四位数字被引文献发表的年代字段检索，或者输入用 OR 逻辑运算符连接的一系列出版年。专利文献使用专利公布日期。

（6）结构检索（Structure Search） 用于对化学反应和化合物进行检索（见图 4-2）。

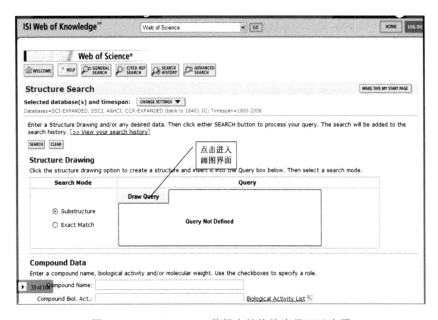

图 4-2　Web of Science 数据库结构检索界面示意图

① 结构图或反应式检索　绘制和显示反应式或结构式都需要下载并安装插件 Chemistry Plugin 之后，点击"Draw Query"，自动弹出画图或画反应式的界面。根据可选择的工具画好具体结构和反应式，再点击绿箭头，自动将结构和反应式添加到检索框中，并且要选择检索方式：包含或精确检索。

② 化合物检索　通过化合物的名称、生物活性或分子量进行检索。

③ 化学反应检索　通过对反应条件要求和选择如气体环境、气压、温度、反应时间、产量、反应关键词（组）、反应注释、其他等完成的检索。

（7）高级检索（Advanced Search） 检索系统对高级检索中检索表达式的书写有一定的要求，所以一般能熟练运用逻辑运算符和字段标识符的读者使用该检索方法比较合适。Advanced Search 可将多个字段或历次检索步号组配检索，熟练掌握检索字段代码和检索技术的用户，可直接在检索输入框中构造检索式。在检索表达式中可以使用逻辑运算符、括号等。不熟悉的用户参照高级检索界面的右侧列出字段标识符和不布尔逻辑算符构造检索式，同时还可以文献的语种和文献类型进行限定。

在该检索界面的主页下面有检索历史,可以对检索历史进行逻辑运算。

(8) 检索结果的处理与下载　Web of Science 的检索结果输出主要有显示、打印、下载和 E-mail 等。

① 显示　检索后结果在屏幕上以简洁格式显示。每条记录的内容包括前 3 位著者,文献篇名及来源期刊名称、卷期、页码等信息。屏幕右侧显示命中结果的排序方式、检索结果的标记、检索分析等内容。屏幕最下方显示检索结果命中的记录数。

点击简洁格式中的文献篇名可以浏览该篇文献在 ISI 数据库中的全记录。在全记录屏幕上,可点击 Cited Reference、Times Cited 及 Related Reference 查看引文文献、被引用次数及文献以及相关文献。

在引文检索结果的显示中,检索后命中的结果在 Cited Reference Search Results Summary 界面以简洁格式显示。浏览命中记录的方法与前面 General Search 方式基本相同。

② 标记、打印、下载或 E-mail 发送　在每条记录开始处的方框内作标记后,点击 Submit,最后系统提示有多少篇文献被标记,直接点击数目,就会显示标记的文献,同时还在上方列出输出选项表,包括输出格式,以及输出方式(Format for Print、Save to File、Export to Reference Software、E-Mail) 等的选择。常用的方式是 Format for Print 或 E-Mail。

标记文献之后,系统提示用户选择进一步输出需要的文献字段及排序方式。

点击 Format for Print 后,显示文献的下载格式。用浏览器的命令可以打印或者保存结果。点击 E-Mail,在 "E-Mail the records to:" 框中输入收件人地址,点击 "Send E-Mail" 发送。

3. ACS Publications 美国化学会期刊全文数据库

(1) ACS 数据库简介　美国化学学会(American Chemical Society;ACS) 成立于 1876 年,现已成为世界上最大的科技学会,其会员数超过 163000 人。ACS 全文电子期刊数据库 2008 年提供了该学会出版的 37 种期刊电子版、化学工程新闻快报电子版。ACS 电子期刊都回溯到了期刊的创刊卷,最早的到 1879 年。其期刊被 ISI 的 Journal Citation Report(JCR) 评为 "化学领域中被引用次数最多的化学期刊"。这些期刊涵盖了 24 个主要的学科领域,包括生化、药物化学、有机化学、普通化学、环境化学、材料学、燃料与能源、植物学、毒物学、食品科学、药理与制药学、物理化学、环境工程学、工程化学、微生物应用生物科技、应用化学、分子生物化学、分析化学、聚合物、无机与原子能化学、农学等。ACS 数据库特色如下。

① 内容全面　内容多达 11000 期 ACS 刊物,500000 篇文章,2500 万页化学信息,日期回溯到 1879 年。

② 精彩内容提前看　ACS 网络版用户可以在正式纸质期刊出版以前查到最新文章。

③ 附加免费服务　免费文摘、免费的文章预告、免费最新目录、免费个性化页面。

④ 增强的图形功能　生动迷人的动画造型，立体的彩色分子模型和可操控的化学结构式。

⑤ 强大的引用链接服务　通过 Chemportsm 引用链接，即可得到相关的文摘和书目资料。链接到其他公认的数据库（包括 PubMed/Medline 和 CA Plus）。

(2) ACS 数据库使用方法

① 期刊浏览　在 ACS 数据库的主页上点击"ACS Journals A-Z"就可浏览 ACS 期刊。如果您知道刊物的具体名称，可以在"Select an ACS Publication"下拉菜单中选择刊名，点击后可直接链接到该期刊。点击任意一种期刊，都可以浏览该期刊的归档期刊、现刊以及最新文章 Articles ASAP$_{sm}$。其中，Articles ASAP$_{sm}$ 是指先于印刷版发表的预印版文章，在作者授权后的 24~48 小时即出现在 ACS 网络期刊中。

现刊（Current Issue）：点击所需要查看的杂志的名称，就能看到该杂志最新一期的目录。点击所需要的文章条目下的 Abstract，能看到该文章的摘要，点击 HTML 或 PDF 会分别以 html 或 pdf 两种形式查看全文。

归档期刊（Back Issues）：点击期刊主页上的"Back Issues"按钮，然后从页面上部的下拉菜单中选择想要浏览期刊的出版日期（Decade），卷号（Volume）和期刊号（Issue Number）。完成选择后，点击"Go"按钮，所选择的期刊目录就会显示出来。可以利用页面上部的"Previous"和"Next"按钮来浏览前期和后期的期刊。

最新文章（Articles ASAP）：点击期刊页面中的 Articles ASAP$_{sm}$，即可访问先于印刷版的最新文章。在最新期刊的页面上，用红色标注出了该期刊出版的日期。

② 检索方法　ACS 的检索主要有下列几种方式。

快速检索（Article Quick Search）：快速检索可在首页或高级检索界面进行，在 ACS 出版物主页面上方的 Article Quick Search 栏中输入关键词，可以在 Title（题名）、Author（作者）、Abstract（摘要）、Title or Abstract（题名或摘要）、Anywhere in Article（全文）、Digital Object Identifier（数字对象标志）六个字段中进行论文的快速检索。

高级检索（Advanced Search）：即从 ACS 出版物的主页面左边的 Advanced Search 或者上方的 Advanced Article Search 标签可以进入高级检索页面。在大多数 ACS 期刊的主页面上点击靠近页面上部的 Search the Journals 按钮，或在部分期刊的主页上点击 Search Options 按钮也能够链接到文章的高级检索页面。

特定文献检索（Citation Finder）：特定文献检索是指如果您知道原文的引用信息（期刊名、卷号和开始页）或 DOI 号，可使用引用检索功能快速找到文献原文，引用检索功能在高级检索页面的上部。使用引用检索功能有两种方式：一种是，如果您知道原文的期刊名、卷号和开始页，使用下拉菜单选择期刊名称，然后将原文的卷号和开始页输入到相对应的栏目内，点击 Search 按钮；另一种方式则是，如果您知道原文的数字目标标识符（DOI），将 DOI 号码输入到对应栏目内，然后点击 Search 按钮。

全文检索（Full-Text Search）：使用全文检索方式，输入检索词后您可以在作者、标题等字段中进行组配查询，您还可以限定检索日期，检索结果的排列方式等。使用全文检索功能主要有基础检索（Basic Search），即使用左边的下拉菜单选定进行检索的项目，如作者、题名、文摘、题名＋文摘或者整篇文章。在输入栏中输入您想要检索的关键词。使用右边的下拉菜单，通过 And、Or 和 Not 逻辑算符组配各个检索项目。输入完成后，点击 Search 按钮进行检索。检索结果会依据与输入的检索匹配度高低顺序显示在检索页面上。另一种方法是在基础检索的基础上将检索限定在特定的期刊，点击相应的项目进行单选或者多选。

4. RSC Publishing 英国皇家化学会期刊全文数据库

（1）RSC 数据库简介　英国皇家化学学会（Royal Society of Chemistry，RSC）成立于 1841 年，是一个国际权威的学术机构，是化学信息的一个主要传播机构和出版商，目前拥有来自全世界的 4 万多个个人和团体会员。该学会一年组织几百个化学会议，出版的 36 种期刊及 4 个文摘数据库一向是化学领域的核心期刊和权威性的数据库。其出版的期刊是化学领域的核心刊物，大部分被 SCI 收录，属被引频次较高的期刊。使用者还可以通过 RSC 网站获得化学领域相关资源，如最新的化学研究进展、学术研讨会信息、化学领域的教育传播等。数据库学科包括生命科学、医学、环境科学、化学与化工等。

（2）RSC 数据库使用方法　从网站首页右上方的 Select a Product 下拉菜单中选定 Journal，然后点击 GO 即可到达 RSC 期刊产品首页。

① 期刊浏览　在 RSC 期刊产品首页，通过 Journal finder 下面的下拉选单选择欲阅读的期刊。点选该本期刊封面连接至检索画面，选择需要的期刊、年份或刊期，然后点选 GO 即可查看该期题录。继续点选搜寻结果的 DOI 号码，可以连接至该篇期刊文献的详细资料，提供全文链接、非订户单篇文献订购服务以及摘要信息，订户可选择使用 pdf 或 html 的档案格式来阅读或下载。

② 期刊检索　点击 RSC 期刊产品首页左上方 Search RSC Journals 即可进入期刊检索，可以选择单本或多本期刊同时进行检索（要选择多本期刊请按住 Ctrl 不放，并利用鼠标器点选期刊名称即可），之后依序填入查询条件，如年代、页数、卷期、篇名、作者、摘要或全文关键字等。

检索之后，系统会显示共查询到几篇相关期刊文献，并在画面中列出篇名、作者、期刊名、卷期、年代与 DOI 号码。如果想要得到更精确的检索结果，可以使用 RSC 的进阶查询功能，利用第一次的检索结果，勾选出较符合需求的检索结果，之后按下 Improve，系统便会自动进行比对，查找出更切合相关概念的检索结果。点选搜寻结果的 DOI 号码，可以链接至该篇期刊文献的详细资料，提供全文链接、非订户单篇文献订购服务以及摘要信息，订户可选择使用 pdf 或 html 的档案格式来阅读或下载。

5. Elsevier ScienceDirect 爱思唯尔出版社期刊全文数据库

（1）Elsevier ScienceDirect 数据简介　Elsevier-SD 全文数据库由 Elsevier 公司出版，它集成了图书、期刊等资源，收录了 24 个学科领域的 800 多万篇全文（包括在编文章），覆盖的学科范围包括生命科学、材料科学、物理学、医学、工程技术及社会科学等。Elsevier-SD 数据库涵盖的学科类别见表 4-2。

表 4-2　Elsevier-SD 数据库涵盖的学科类别

学科类别	期刊数/种
农业与生物科学（Agricultural and Biological Sciences）	133
化学与化学工程（Chemistry and Chemical Engineering）	220
临床医学（Clinical Medicine）	271
计算机科学（Computer Science）	124
地球与行星学（Earth and Planetary Science）	118
工程、能源与工业技术（Engineering, Energy and Technology）	280
环境科学技术（Environmental Science and Technology）	127
生命科学（Life Science）	437
材料科学（Materials Science）	135
数学（Mathematics）	50
物理与天文学（Physics and Astronomy）	165
社会科学（Social Sciences）	291

（2）Elsevier ScienceDirect 数据库检索方法　Elsevier Science 数据库检索网址：http://elsevier.lib.sjtu.edu.cn/。

Elsevier 公司给所有 SDOS 的用户免费开放 SDOL（ScienceDirect OnLine）数据库，SDOL 的网址为：http://www.sciencedirect.com。由此，我们也可通过点击这一网址进入到 Elsevier Science 的主页（见图 4-3）。

① 快速浏览（Quick Search）　如需查某一原始文献资料，在主页的栏目中输作者名、杂志名、卷、期、页，点击 Go，即可查到原始文章。查阅作者 Songül Süren Castillo 在 Acta Histochemica 杂志 110 卷，第 6 期，第 451 页的文章，按栏目要求输入（见图 4-4）。

继续搜索，则可查找到相应的文章，通过点击 PDF 可直接下载其原文（见图 4-5）。

② 题目浏览（Browse by Title）　可以按字母查找有关的杂志，如要查分析

第四章 期刊

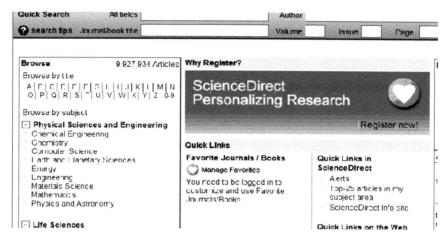

图 4-3 Elsevier Science 的主页

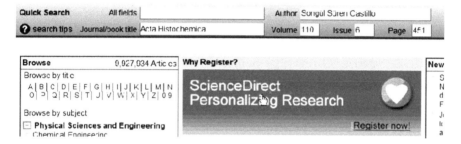

图 4-4 快速浏览

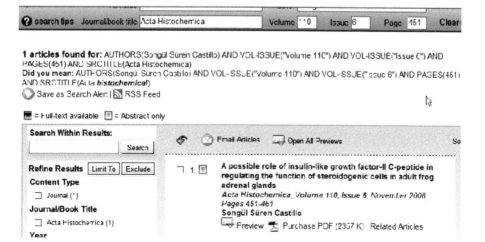

图 4-5 通过点击 PDF 下载其原文

化学快报,点击 A,则在新出现的栏目下下拉找到 Analytica Chemica Acta,点击 Analytica Chemica Acta,左边栏目点击相应的年、卷、期,就能查到相应的文章。

如查找 Volume 658,Issue 1,Pages 1~106 的文章(见图 4-6)。

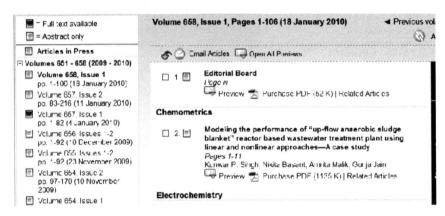

图 4-6 通过题目浏览

③ 通过主题浏览(Browse by Subject)

Physical Sciences and Engineering

Chemical Engineering

Chemistry

Computer Science

Earth and Planetary Sciences

Energy

Engineering

Materials Science

Mathematics

Physics and Astronomy

Life Sciences

Agricultural and Biological Sciences

Biochemistry,Genetics and Molecular Biology

Environmental Science

Immunology and Microbiology

Neuroscience

Health Sciences

Medicine and Dentistry

Nursing and Health Professions

Pharmacology, Toxicology and Pharmaceutical Science
Veterinary Science and Veterinary Medicine
Social Sciences and Humanities
Arts and Humanities
Business, Management and Accounting
Decision Sciences
Economics, Econometrics and Finance
Psychology

如查找与药物 Pharmacology, Toxicology and Pharmaceutical Science 相关的杂志与文章，可直接在 Health Sciences 点击 Pharmacology, Toxicology and Pharmaceutical Science 则出现相关的杂志，继续点击所需的杂志，则找到相应的文章。

6. Wiley InterScience 电子期刊全文数据库

John Wiley & Sons Inc（约翰·威利父子出版公司）创立于 1807 年，是全球历史最悠久、最知名的学术出版商之一，享有世界第一大独立的学术图书出版商和第三大学术期刊出版商的美誉（详见 www.wiley.com）。

Wiley InterScience（www3.interscience.wiley.com）是 John Wiley & Sons Inc. 的学术出版物的在线平台，提供包括化学化工、生命科学、医学、高分子及材料学、工程学、数学及统计学、物理及天文学、地球及环境科学、计算机科学、工商管理、法律、教育学、心理学、社会学等 14 个学科领域的学术出版物。

该出版公司出版的学术期刊质量很高，尤其在化学化工、生命科学、高分子及材料学、工程学、医学等领域。目前出版的近 500 种期刊中，2005 年有一半以上被 SCI、SSCI、和 EI 收录。

由于要登记注册收费检索，一般是从省市及重点高校、科研院所图书馆进入。Wiley InterScience 数据库的检索一般分为学科分类浏览与产品分类浏览。这里只介绍学科分类浏览。图 4-7 是 Wiley InterScience 的首界面。

如查找 Applied Organicmetallic Chemistry 方面的杂志的文章，点击图 4-8 中的 Chemistry，则出现化学二级学科的类别。在二级学科中点击 Organic Chemistry，则出现有机化学类别的杂志。

继续按字母查找，点击 Applied Organicmetallic Chemistry，则出现应用有机金属化学方面的文献（见图 4-9）。

也可通过高级搜索中直接输入杂志名检索。

7. SpringerLink 施普林格出版社全文数据库

（1）SpringerLink 数据库简介　SpringerLink 是居全球领先地位的、高质量的科学技术和医学类全文数据库，该数据库包括了各类期刊、丛书、图书、参考工具书以及回溯文档。SpringerLink 为科研人员及科学家提供强有力的信息中心

图 4-7　Wiley InterScience 的首界面

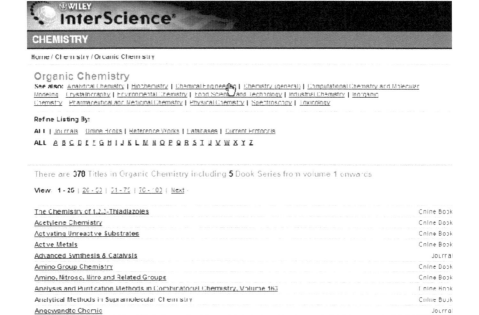

图 4-8　有机化学类别杂志

图 4-9 应用有机金属化学方面的文献

资源平台。

New Springer 出版社由原 Kluwer 出版社与原 Springer 出版社合并，现通过 SpringerLink 网络平台出版提供 1600 余种学术期刊的全文服务；涉及的学科范围包括数学、医学、物理与天文、行为科学、生物医学和生命科学、商业与经济、化学和材料科学、计算机科学、地球和环境科学、工程科学、人文、社会科学和法律、统计学；其中自然科学类学术期刊 1300 余种。

SpringerLink 在国内的网址为 http：//springer.lib.tsinghua.edu.cn。

(2) SpringerLink 数据库检索方法　由于 SpringerLink 全文数据库收费注册才能检索，一般可通过国内各大图书馆进入 SpringerLink 全文数据库检索。

以 http：//springer.lib.tsinghua.edu.cn 网址进入后，出现图 4-10 所示的浏览界面。

图中的页面主要包括高级检索、内容类型、特色图书馆、学科分类。页面的高级检索中直接输入关键词，可涉及与关键词相关的文献。如图 4-11 所示，在页面的高级检索中输入 polymer，则出现与 polymer 相关的文献。

浏览图中的文献继续搜索有关的杂志。如文献来自 Journal of Material Science：Materials in Medicine，则点击此杂志名，则出现如图 4-12 所示的界面图。

如要查找上述期刊中 2009 年第 12 期的文章，则点击 Number 12/2009 年 12 月，出现第 12 期的所有文章（见图 4-13）。

图 4-10 SpringerLink 数据库的主页界面

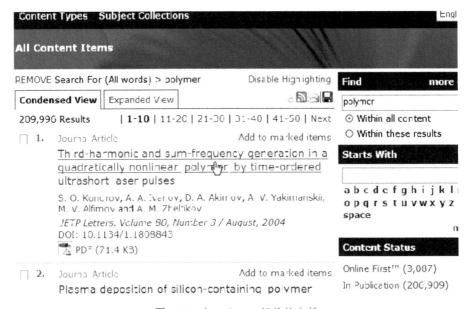

图 4-11 与 polymer 相关的文献

需要下载原文则点击文献中的 PDF 即可。

如通过期刊查找,点击"期刊"则出现从 A~Z 按字母次序编排的期刊名(见图 4-14)。

也可在图 4-14 的界面的右框高级检索中输入杂志名。如查找 polymer bulletin(见图 4-15)。

图 4-12　根据杂志名检索的界面图

图 4-13　查找的期刊文章

如果要快速找到题目，可以在此期刊栏中的起始字母输入框中继续输入题目的第一个英文字母。如输入 e，则出现英文字母 e 开头的文献题目（见图 4-16）。也可在学科分类中，通过化学与材料学科查找有关化学与材料的期刊。

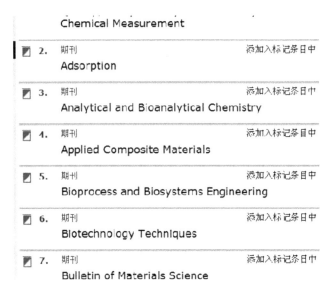

图 4-14 按字母次序查找期刊

图 4-15 高级检索栏目下输入字母查找

8. 中国期刊全文数据库

(1) 中国期刊全文数据库简介 中国期刊全文数据库是目前世界上最大的连续动态更新的中国期刊全文数据库,收录国内 1994 年至今 8200 多种重要期刊,

第四章　期刊

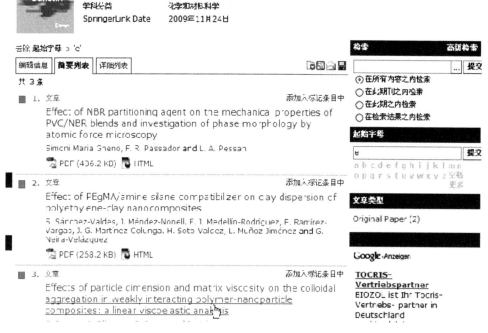

图 4-16　在起始字母栏目下输入字母查找

以学术、技术、政策指导、高等科普及教育类为主，同时收录部分基础教育、大众科普、大众文化和文艺作品类刊物，内容覆盖自然科学、工程技术、农业、哲学、医学、人文社会科学等各个领域，全文文献总量2200多万篇。数据库交换服务中心每日更新5000～7000篇。

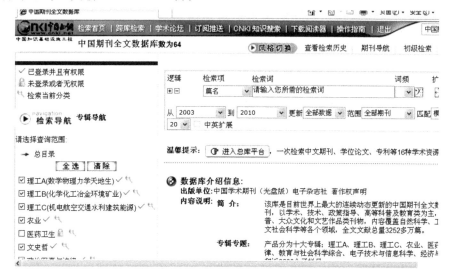

图 4-17　中国期刊网主页

中国期刊网的检索方式有多种，如刊名检索、标题检索、作者检索、单位检索、关键词检索、摘要检索、分类检索、引文检索、基金检索。

（2）检索方法　打开中国期刊网主页（http：//lsk.cnki.net）（见图4-17）。

如果要查找课题相关的文献可在检索项的滚动条中找出篇名或关键词项，在检索词栏中输入所要查的题目或关键词，进行检索。如确立一种含硅的化合物中的硅含量分析，即在检索词中输入硅含量分析，时间为2003～2010年，查找范围为全部期刊（见图4-18）。

图4-18　通过篇名检索

点击图4-18中的检索，则可找出时间为2003～2010年的所有与硅含量分析相关的文献（见图4-19）。

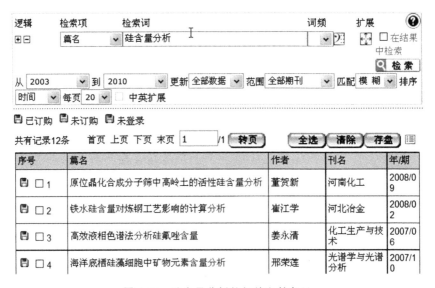

图4-19　硅含量分析的相关文献条目

在图4-19中出现的文献中如需查其原始文献，则点击序号框即可下载原始文章。当检索某作者所发的文章时，则在检索项的滚动条中找出作者，并在检索词中输入作者名，在时间段中输入查找的时间范围。

如图4-20所示是查找作者艾智慧1996～2010年所发的中文文章。

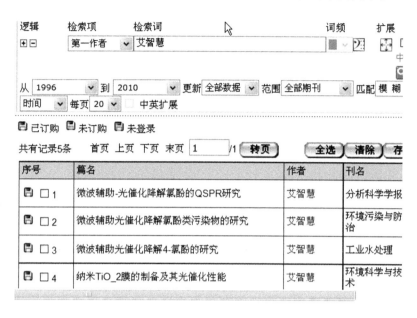

图4-20　检索作者艾智慧的文献信息

查找某一杂志，可在检索项的滚动条中找出刊名，在检索词中输入需要检索的杂志名，在时间段中输入时间范围，即可找到相应的杂志及相关的杂志（见图4-21）。

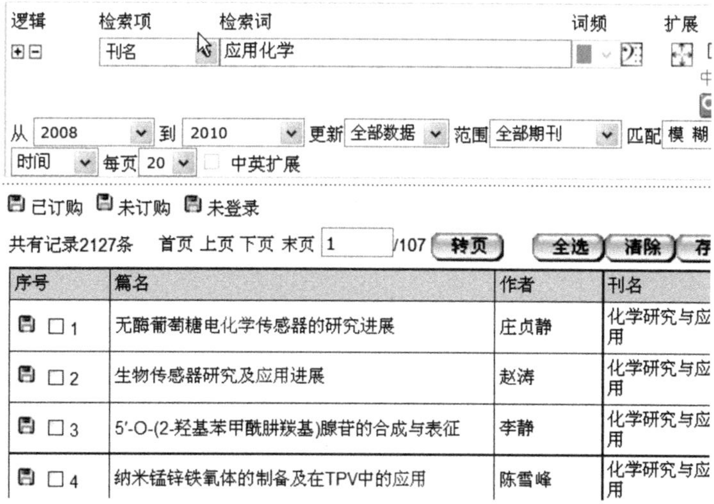

图4-21　通过输入杂志名查找的文献信息

思 考 题

1. 请从网上或资料室查找出下列期刊，写出各刊物的 www 网址。
   ① 中国科学　② 化学学报　③ 化学通报　　④ 应用化学
   ⑤ 化学教育　⑥ J. Green Chemistry　⑦ J. Am. Chem. Edu.
   ⑧ Chem. Rev.　⑨ Chemistry of Materials　⑩ Heterocycles Chemistry
2. 请从网上查阅中、外杂志各两种期刊的投稿简则（投稿须知）或作者注意事项（中外文期刊各选两种，提示：外文中的投稿简则主要是以 Introduction to Author 或 Notice to Author 形式）。
3. 举出五种有关化学方面被 SCI 收录的中文期刊和五种影响因子在 2.0 以上的与有机化学、分析化学、材料化学有关的外文期刊。
4. 写出一篇化学教学研究方面的文章，你认为可以向哪些刊物投递？
5. 喹啉、肌醇是一种医药，它可以通过从植物中提取加工而成，此方面研究文章应向哪些杂志投寄？
6. 从网上查阅美国或英国的 Chem. Educ 杂志的 2003. No. 1 的目录。
7. 查找化学通报网络版 2002.8 期有关目录。
8. 在国外期刊中 SCI 收录的影响因子最大的是哪两种刊物（请用英文写出）？
9. 通过中文期刊网主页，查找出一篇题目中含有席夫碱的文章，写出文章的题目，作者，期刊名，年、卷、期、页。
10. 通过 Elsevier Science 全文期刊网主页，查找出 Talant 2006，70 卷，第 5 期，907~908 的文章，写出该文章的题目、作者、作者所在单位。
11. 叙述通过 Elsevier Science 全文期刊网查找不对称合成的有关文章的原文的步骤。
12. 通过 Springer 数据库，查找一篇 2008 年关于水性丙烯酸聚合物合成方面的文章，写出该文章的题目、作者。
13. 叙述通过 SCI 科学引文数据库查找某作者文章收录的过程。

第五章　Web of Knowledge 的数据库

一、概述

THOMSON 下属的商业信息子公司 1992 年并购了美国科学信息研究所（Institute for Scientific Information，ISI），于 1997 年推出了"ISI Web of Science"检索平台。随着 THOMSON 公司信息技术的提升以及不断合作和并购其他机构，数据库数量也在逐年增加。"ISI Web of KnowledgeSM"是 2001 年 THOMSON 公司推出的新一代学术信息资源整合体系，它是根据 www 的超链接的特性，建立的一个以知识为基础的学术信息资源整合平台，是一个采用"一站式"信息服务的设计思路构建而成的多学科、多种信息类型的数字化研究环境，将各种高质量的期刊、会议、专利、学科网站、Web 学术全文文献以及化合物信息资源整合在同一系统内，提供多个领域中的学术信息，兼具知识的检索、提取、管理、分析和评价等多项功能。其中最具有代表性的信息服务项目之一便是 ISI 的产品——三大引文索引（SCI、SSCI、A&HCI）数据库检索。

二、Web of Knowledge 的数据库与服务

ISI Web of Knowledge 以 Web of Science 为核心，有效地整合了 ISI Proceedings（会议录）、BIOSIS Previews（生物科学数据库）、INSPEC（科学数据库）、MEDLINE 和 Journal Citation Reports（期刊引证报告）等重要的学术信息资源，而且也建立了与其他出版公司的数据库、原始文献、图书馆 OPAC 以及日益增多的网页等信息资源的相互连接，实现了原来犹如"信息孤岛"的不同文献资源之间的整合与沟通，体现了它们之间相互印证、相关参考的关系。提供了自然科学、工程技术、生物医学、社会科学、艺术与人文等多个领域的高质量、可信赖的学术信息，大大扩展和加深了这些信息资源所能提供的学术研究信息。"ISI Web of Knowledge"信息平台包含的主要数据库如下。

1. ISI Web of Science

ISI Web of Science 包含 SCIE，SSCI，A&HCI 和新增加的两个化学信息数据库。Science Citation Index Expanded（SCIE，科学引文扩展数据库，1945 年至今）：收录 6000 余种期刊，涵盖自然科学所有领域，如工程技术、材料科学、

生物化学、分子生物学、化学工程、地球化学、材料科学、药物学与药理学、原子及分子物理学、光谱学等。

Social Science Citation Index（SSCI，社会科学引文索引数据库，1956 年至今）：收录 1800 多种社会科学期刊，同时也收录 SCI 所收录的期刊当中涉及社会科学研究的论文，内容涉及人类学、历史、地理学、犯罪学、经济学、教育、环境研究、图书馆学和信息科学、语言与语言学、法律、哲学、政治科学、心理学、城市研究、妇女研究、家庭研究等。

Arts & Humannites Citation Index（A&HCI，艺术与人文引文索引数据库，1975 年至今）：收录 1100 多种期刊，内容涉及考古学、建筑、艺术、亚洲研究、古典、舞蹈、电影/广播/电视、民俗、历史、语言学、文学评论、文学、音乐、哲学、诗歌、宗教、戏剧等。

Current Chemical Reactions（近期化学反应数据库）：收录 1985 年至今，超过 60 万个化学反应。

Index Chemicus（化合物索引）：收录 1993 年至今，100 多万个化合物信息。

2. ISI Current Contents Connect（CCC）

Current Contents 是一个包含全球 1300 余种 SCI 收录的权威期刊的目次和 2000 多种最新出版的专业书籍目录的书目型数据库，每天更新。按学科分为生命科学、工程技术、计算机、物理、化学、地球科学、农业、艺术与人文、商业等。

3. Derwent Innovations Index

Derwent Innovations Index 由 THOMSON 公司的合作伙伴 Derwent 公司提供，Derwent 公司是英国专门报道和出版专利的机构，报道来自 40 个国际化专利机构（覆盖 100 多个国家）的 2000 多万个专利。其特点是：独有的高附加值的标引加工与检索功能。

4. ISI Proceedings

ISI Proceedings 收录了 1990 年以来的各种重要会议文献，每年新增 12000 多种学术会议录，报道全面的会议信息、会议论文摘要以及论文所引用的参考文献。

5. INSPEC

INSPEC 由 THOMSON 公司的合作伙伴，英国 IEE 下属的物理和工程信息服务部提供，INSPEC 是报道物理学、电子学与电气工程、计算机技术、控制与信息技术领域的著名数据库。收录来自全球 80 多个国家的 3000 多种期刊、2000 多种会议文献以及部分的图书和科技报告。其印刷版检索工具创刊于 1989 年，电子版覆盖时间范围为 1969 年至今。

6. BIOSIS Previews

BIOSIS Previews 由 THOMSON 公司的合作伙伴，美国生物科学信息服务社提供,是世界上收录生命科学及其相关领域文献的最大数据库,收录来自140个国家、50多种语言的9000余种期刊和连续出版物、每年1500余种会议以及相关的大量图书、专利信息,其印刷版检索工具(BA)创刊于1926年,电子版覆盖时间为1969年至今。

7. ISI Chemistry

ISI Chemistry 即单独的化学信息数据库。可以利用化学结构和反应进行检索,提供学术期刊和专利中报道的最新化学合成、药物合成、生物活性方面信息,收录1840年以来超过60万个化学反应信息和100多万个化合物信息。

8. Journal Citation Report（JCR Web）

JCR 是 ISI 将其收录的各种期刊的论文数量、参考文献数量、论文被引次数统计后,计算出各种期刊的影响因子、影响指数、被引半衰期等反应期刊质量的定量指标,从而对期刊进行重要性分析与评价的综合报告。

ISI 提供的 Reference Manager 等文献信息管理软件不仅能够帮助用户管理由 ISI Web of Knowledge 检索得到的文献信息,也可以管理由其他系统或平台检索到的文献资料,包括个人收集的参考文献,用户用该类软件可以自建一个完全个性化的参考文献数据库,这种对资源的整合构成了一个动态的学术信息空间。Web of Knowledge 平台中的数据库及其连接架构如图5-1（前面冠以 ISI 的是 ISI 出版的数据库）所示。

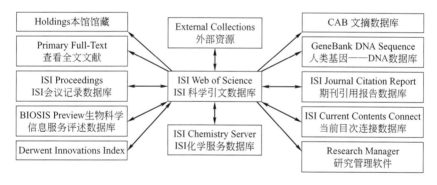

图5-1 ISI Web of Knowledge 平台中数据库及其连接架构图

三、Web of Knowledge 的检索

在 ISI Web of Knowledge 检索平台上,用户可以选择单个的数据库进行检索,也可以同时在所有的授权数据库中检索（简称为全库检索,All Search）。选择单库检索时,系统根据各数据库收录文献的特征提供相应的检索字段；选择全库检索时,系统仅提供主题、标题、作者、出版物名称、出版年和地址6个字段,并可以进行逻辑组配。若需要选择的检索字段较多,还可"添加另一字段",

也可以任意限制时间范围，系统显示多个数据库检索结果，如图 5-2 所示。

图 5-2　ISI Web of Knowledge 全库检索

ISI Web of Knowledge 网址：apps.webofknowledge.com，进入后出现如图 5-2 所示的主界面。图中的页面主要内容包括选择数据库、检索范围设置、语言设置等。如在检索栏中输入 pharmacophore，点击检索，则出现与 pharmacophore 相关的文献（图 5-3）。点击相应链接即可转入该文献的摘要页面，根据需要可以选择进入全文下载或阅读界面。目前，ISI 已经与全球许多著

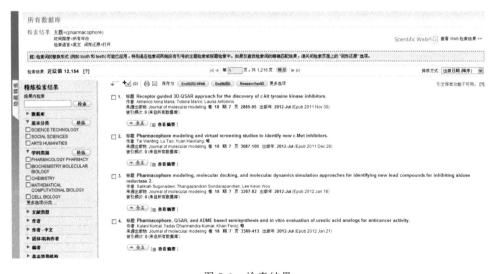

图 5-3　检索结果

第五章 Web of Knowledge 的数据库

图 5-4 Web of Science 化学结构检索

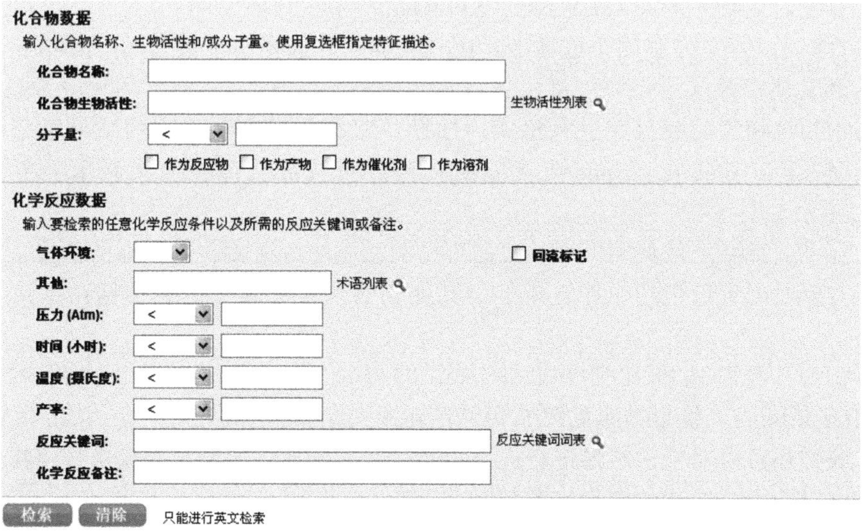

图 5-5 Web of Science 化学数据检索

名的学术期刊出版机构达成了链接协议，已经实现了 Web of Knowledge 与几千种期刊电子全文的链接。但是目前 Web of Knowledge 只对授权用户开放，因此普通用户对其检索也有一定难度（需获得访问权限）。

此外，Web of Science 中还提供了化学结构检索（见图 5-4），利用 SCI 提供的结构软件画出化学结构，后者利用其他结构绘制软件画好结构后导入。检索时可将所画结构作为子结构，或直接精确匹配检索。Web of Science 中还提供了化合物数据和化学反应数据检索（见图 5-5），化合物数据提供化合物名称、化合物生物活性检索字段，并可对化合物的具体用途，如反应物、产物、催化剂、产率、反应关键词等检索字段。还提供了生物活性列表、术语和反应关键词表。

四、ISI Web of Knowledge 检索方法实例

下面通过以下的一些实例来进一步说明 ISI Web of Knowledge 的使用。
◆ 查找某个主题相关的高影响力综述类文章。
◆ 获取特定专业某方向的研究现状。
◆ 了解某位科学家有多少篇论文被 SCI 收录，被别人引用情况如何，主要方向是什么等。
◆ 查询自己的论文（或某一重要论文）引用情况。
◆ 获取某一领域的 Top10 期刊信息。
◆ 检索索某一化学结构的化合物是否为新化合物。

1. 查找某个主题相关的高影响力文章

首先，登录并进入 ISI Web of Knowledge 主页（图 5-6）。

页面 Logo 下方有四个选项卡：所有数据库、选择一个数据库、Web of Science 和其他资源（图 5-7）。可以选择在"所有数据库"或者"Web of Science"中与本领域相关的数据库进行检索。选择"所有数据库"得到的结果更全面一些，而选择"Web of Science"更有针对性，可选数据库在原来版本上更新为 SCI、CPCI-S、CCR 和 IC。

在"选择一个数据库"中，我们可以对相应的数据库有更全面的了解，并可以对文献时间进行规约（图 5-8），"其他资源"中有更多的相关网站信息（图 5-9）。

例如，我们选择在所有数据库中进行检索，同时检索主题关键字为 hydrogen bond，检索界面见图 5-10，得到搜索结果见图 5-11。

我们还可以对检索结果进行进一步的筛选，例如，按照被引频次排序找到具有较高影响力的综述的文章（图 5-12、图 5-13）。

2. 获取特定专业某方向的研究现状

ISI Web of Knowledge 可以对本技术领域的作者、基本分类、来源出版物、

第五章　Web of Knowledge 的数据库

图 5-6　ISI Web of Knowledge 主页

图 5-7　ISI Web of Knowledge 菜单选项

出版年和学科类别进行分析。首先在"Web of Science"栏目下得到的检索结果，然后在搜索结果的右上角"排序方式"或者页面左侧"精炼结果"下方选择分析检索结果（图 5-14）。进一步得到分析检索结果的下拉菜单进行分析（图 5-15～图 5-20）。

3. 了解某位科学家有多少篇论文被 SCI 收录，被别人引用情况如何，主要方向是什么等

以华中师范大学化学学院肖文精教授为例，选择"Web of Science"选项卡，进入检索页面后选择作者字段，输入"Xiao WJ"检索得到 309 篇文献（图 5-21）。

由于姓名简写重复或是投稿署名的一些原因，这些检索的结果中有很多不是我们真正想要的，这个时候就可以用"作者甄别"这一强大的功能对作者进行甄别。点击"作者甄别"，进入如图 5-22 所示的界面。

输入作者姓氏、名字首字母，点击按姓名检索，得到图 5-23 所示的结果，我们可以根据"最后的已知机构"这一项去选择作者集，从而得到期望的检索结果。这就要求我们在进行检索之前要对将要检索的研究人员的背景有一定的了

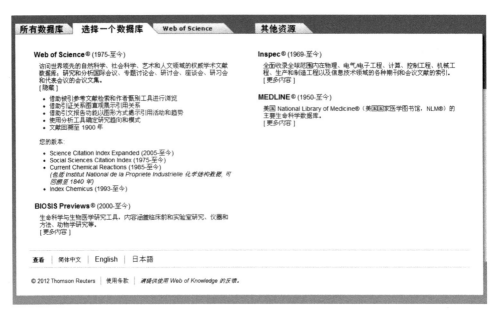

图 5-8 "选择一个数据库"菜单内容

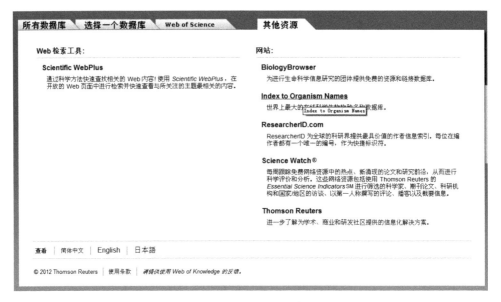

图 5-9 "其他资源"菜单内容

解,要清楚其曾经工作或学习过的研究机构有哪些,这些机构是不是有曾用名等。

以上述的检索结构为例,根据华中师范大学的曾用名、现用名的简称选择作者集,点击检索结果左下角的"查看记录",得到检索结果如图 5-24 所示。

第五章 Web of Knowledge 的数据库

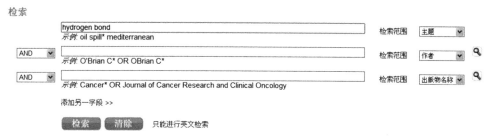

图 5-10 在"所有数据库"中以关键词"hydrogen bond"检索界面

图 5-11 在"所有数据库"中以关键词"hydrogen bond"检索结果

图 5-12 对检索结果进行进一步的筛选

从检索结果界面上看到,可按学科类别、文献类型、作者、来源出版物、会议标题、机构等对检索结果进行二次检索,并可以对检索结果进行保存、打印或应用 EndNote 等管理软件进行文献的管理。同时,可对检索结果进行排序,分析,并可查看 Web 检索结果。页面中间是检索结果的具体记录,提供全文链接,可直接获取全文。点击检索结果中任意一篇文献的标题,可得到该文献的摘要信息,如图 5-25 所示。

从摘要界面上可看到被引频次、参考文献、相关记录等几个重要的信息,还

1. 标题: Prediction of the secondary structure of proteins from their amino acid sequence.
   作者: Chou P Y; Fasman G D
   来源出版物: Advances in enzymology and related areas of molecular biology 卷: 47 页: 45-148 出版年: 1978
   被引频次: 3,693 (来自所有数据库)

2. 标题: Dominant forces in protein folding.
   作者: Dill K A
   来源出版物: Biochemistry 卷: 29 期: 31 页: 7133-55 DOI: 10.1021/bi00483a001 出版年: 1990-Aug-7
   被引频次: 2,245 (来自所有数据库)

3. 标题: Areas, volumes, packing and protein structure.
   作者: Richards F M
   来源出版物: Annual review of biophysics and bioengineering 卷: 6 页: 151-76 DOI: 10.1146/annurev.bb.06.060177.001055 出版年: 1977
   被引频次: 1,909 (来自所有数据库)

4. 标题: Functional polymers and dendrimers: reactivity, molecular architecture, and interfacial energy.
   作者: Frechet J M
   来源出版物: Science (New York, N.Y.) 卷: 263 期: 5154 页: 1710-5 DOI: 10.1126/science.8134834 出版年: 1994-Mar-25
   被引频次: 1,439 (来自所有数据库)

5. 标题: Principles of protein-protein interactions.
   作者: Jones S; Thornton J M
   来源出版物: Proceedings of the National Academy of Sciences of the United States of America 卷: 93 期: 1 页: 13-20 DOI: 10.1073/pnas.93.1.13 出版年: 1996-Jan-9
   被引频次: 1,437 (来自所有数据库)

6. 标题: Interactions with aromatic rings in chemical and biological recognition.
   作者: Meyer Emmanuel A; Castellano Ronald K; Diederich Francois
   来源出版物: Angewandte Chemie (International ed. in English) 卷: 42 期: 11 页: 1210-50 DOI: 10.1002/anie.200390319 出版年: 2003-Mar-17
   被引频次: 1,423 (来自所有数据库)

图 5-13 进一步筛选结果

图 5-14 检索结果界面

可浏览文献的引证关系图。查看被引频次，可"越查越新"，了解后面的研究；查看参考文献，可"越查越旧"，了解前面的研究；查看相关记录，可"越查越深"，了解相关的研究。引证关系图更可直接地了解文献之间的引证关系。点击"分析检索结果"，可对检索结果按照作者、会议标题、国家/地区、文献类型、机构名称、语种、出版年、来源出版物、学科类别进行分析。

此外，还可以创建肖教授发表论文的引文分析报告，获得论文总被引次数和篇均被引次数，如图 5-26 所示。其中 h-index 代表"高引用次数"（high citations），简称为 H 指数，即某人的 H 指数是指他至多有 H 篇论文分别被引用至少 H 次。

第五章　Web of Knowledge 的数据库

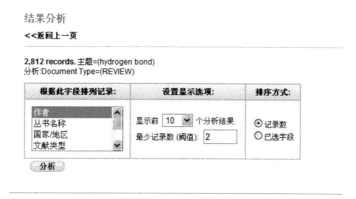

图 5-15　检索结果分析界面

图 5-16　对作者信息进行分析界面

4. 查询自己的论文（或某一重要论文）引用情况

对于已经检索过的领域或者文献可以选择"保存检索历史"，以后可以打开已经保存的历史进行回顾；进行"创建跟踪"，系统可以通过邮件形式通知本领域最新研究动向；打开"保存历史"，即将保存的检索历史打开。要注意"所有数据库"和"Web of Science"的检索历史中的选项略有不同。

在 Web of Science 中创建跟踪，其中历史名称是必须填写的，可以是自己搜索的关键字或者领域名称，如"Drug rational design"或者匹配规则"Drug * design * "等。选择通知的频次可以保持信息的及时性，通知以电子邮件的形式发送给用户（图 5-27）。

我们以名为"G protein-coupled receptors: novel targets for drug discovery in cancer"的文章为例，由于我们之前已经对其进行了跟踪，这里我们直接在引文跟踪中点击文章标题即可得到文章信息（图 5-28）。

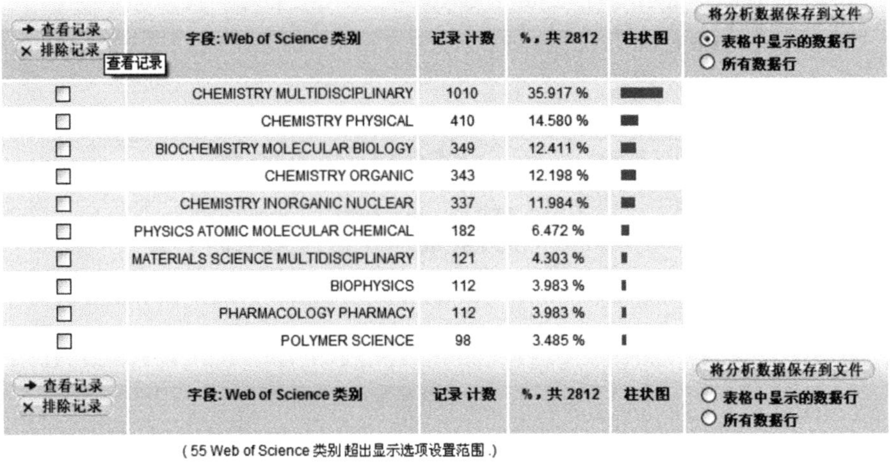

字段:Web of Science 类别	记录 计数	%, 共 2812	柱状图
CHEMISTRY MULTIDISCIPLINARY	1010	35.917 %	
CHEMISTRY PHYSICAL	410	14.580 %	
BIOCHEMISTRY MOLECULAR BIOLOGY	349	12.411 %	
CHEMISTRY ORGANIC	343	12.198 %	
CHEMISTRY INORGANIC NUCLEAR	337	11.984 %	
PHYSICS ATOMIC MOLECULAR CHEMICAL	182	6.472 %	
MATERIALS SCIENCE MULTIDISCIPLINARY	121	4.303 %	
BIOPHYSICS	112	3.983 %	
PHARMACOLOGY PHARMACY	112	3.983 %	
POLYMER SCIENCE	98	3.485 %	

(55 Web of Science 类别 超出显示选项设置范围.)

图 5-17 对"Web of Science 类别"进行分析界面

字段:来源出版物	记录 计数	%, 共 2812	柱状图
JOURNAL OF THE AMERICAN CHEMICAL SOCIETY	147	5.228 %	
ACCOUNTS OF CHEMICAL RESEARCH	141	5.014 %	
CHEMICAL SOCIETY REVIEWS	115	4.090 %	
CHEMISTRY A EUROPEAN JOURNAL	109	3.876 %	
COORDINATION CHEMISTRY REVIEWS	76	2.703 %	
ORGANOMETALLICS	64	2.276 %	
JOURNAL OF PHYSICAL CHEMISTRY A	61	2.169 %	
CHEMICAL REVIEWS	57	2.027 %	
JOURNAL OF ORGANIC CHEMISTRY	57	2.027 %	
TOPICS IN CURRENT CHEMISTRY	53	1.885 %	

(311 来源出版物 超出显示选项设置范围.)

图 5-18 对"来源出版物"进行分析界面

我们还可以分别点击"查看全部施引文献""引用的参考文献"等按钮查看具体的文献信息及全文。在引用的参考文献上方有一个"印证关系图"，可以得出向前引证和向后引证的关系图，最终得到引证模型（图 5-29）。

5. 获取某一领域的 Top10 期刊信息

在"其他资源"的选项卡中有 Journal Citation Reports（JCR）这一链接，点击进入 JCR 平台，按时间选择不同版本，可以对期刊进行学科分类等，如：我们可以选择"主题分类"（图 5-30）。

在主题类别选项中，进一步选择化学学科与有机化学，点击"SUBMIT"提交所要查找的信息（图 5-31），系统返回检索结果 20 个，按照影响因子从高到低

→ 查看记录 ✕ 排除记录	字段：出版年	记录计数	%，共 2812	柱状图	将分析数据保存到文件 ⊙ 表格中显示的数据行 ○ 所有数据行
□ 排除记录	2009	466	16.572 %	■	
□	2008	432	15.363 %	■	
□	2007	388	13.798 %	■	
□	2006	364	12.945 %	■	
□	2005	307	10.917 %	■	
□	2010	298	10.597 %	■	
□	2011	274	9.744 %	■	
□	2012	137	4.872 %	▮	
□	2004	20	0.711 %	ǀ	
□	2003	17	0.605 %	ǀ	
→ 查看记录 ✕ 排除记录	字段：出版年	记录计数	%，共 2812	柱状图	将分析数据保存到文件 ○ 表格中显示的数据行 ○ 所有数据行

(10 出版年 超出显示选项设置范围.)

图 5-19　对“出版年”进行分析界面

→ 查看记录 ✕ 排除记录	字段：国家/地区	记录计数	%，共 2812	柱状图	将分析数据保存到文件 ⊙ 表格中显示的数据行 ○ 所有数据行
□	USA	930	33.073 %	■	
□	GERMANY	308	10.953 %	■	
□	JAPAN	280	9.957 %	■	
□	PEOPLES R CHINA	227	8.073 %	■	
□	ENGLAND	203	7.219 %	■	
□	FRANCE	171	6.081 %	■	
□	INDIA	138	4.908 %	▮	
□	ITALY	132	4.694 %	▮	
□	SPAIN	122	4.339 %	▮	
□	CANADA	96	3.414 %	▮	
→ 查看记录 ✕ 排除记录	字段：国家/地区	记录计数	%，共 2812	柱状图	将分析数据保存到文件 ○ 表格中显示的数据行 ○ 所有数据行

(50 国家/地区 超出显示选项设置范围.)
(5 记录(0.178%)不包含所分析字段的数据.)

图 5-20　对“国家/地区”进行分析界面

进行排列，我们可以找出影响因子排前十名的期刊（图 5-32）。

我们还可以对图 5-32 中列出的期刊进行进一步的了解。如：以第一个期刊为例，点击期刊链接，我们可以得到相应的期刊信息（图 5-33）。

6. 检索某一化学结构的化合物是否为新化合物

该检索功能也是 Web of Science 的功能之一，进入 Web of Science 页面，选择“化学结构检索”，在方框内画出化合物的结构，选择“子结构检索”模式，

图 5-21 "作者检索"界面

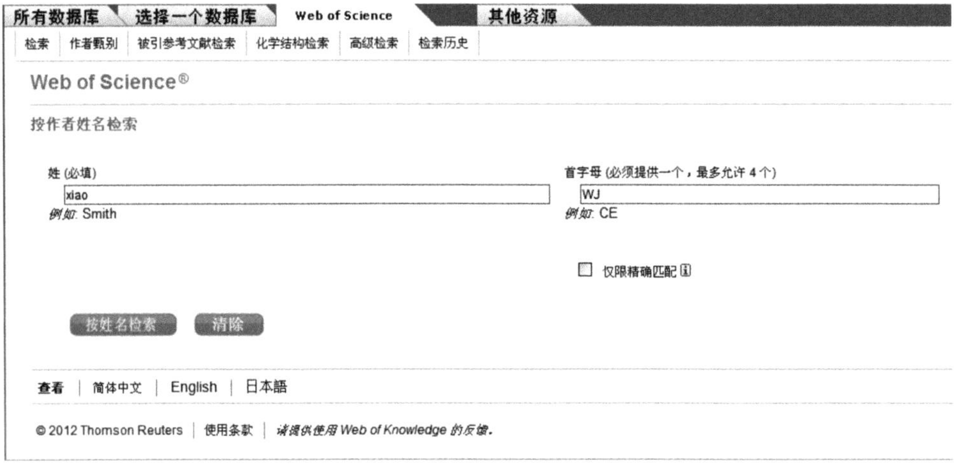

图 5-22 "作者甄别"界面(一)

点击"检索"即可。如：检索化学结构为 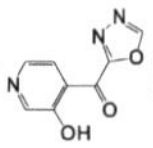 的化合物是否为新化合物（图 5-34）。

如果待检索的化合物为全新化合物将会出现如图 5-35 所示的检索结果。

通过以上的一些实例，我们可以更进一步地看出，Web of Knowledge 利用先进的超媒体技术，把多种来源的、不同信息级次的高质量学术文献信息灵活地整合起来，揭示了文献之间的引用与被引关系、相关关系、引文与全文、文献与

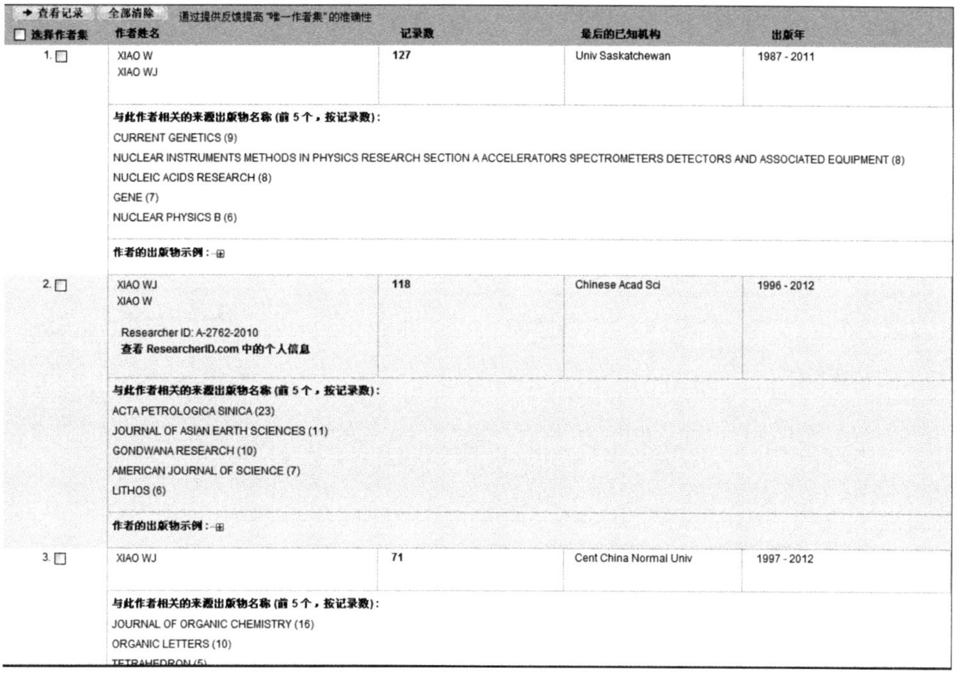

第五章 Web of Knowledge 的数据库

图 5-23 "作者甄别"界面（二）

图 5-24 "作者甄别"检索结果

馆藏情况等多种相互的联系，使其成为一个不断发展的动态信息体系，用户可以在其检索结果中无限制的浏览论文资料，迅速找到所需信息，提高了浏览信息的自由度。

图 5-25　检索结果中"文献摘要"信息

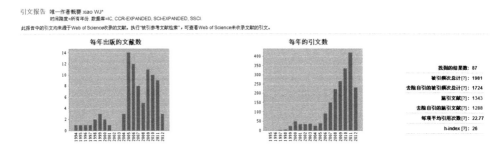

图 5-26　引文分析报告

产品: Web of Science
检索历史名称: (必填)
说明: (可选)
检索式数量: 2
给我发送电子邮件跟踪: (您的检索历史中的最后一个检索式运行时增加的检索结果，将通过电子邮件发送给您。)
收件人电子邮件地址: ccnu_724@126.com
跟踪服务类型: 题录
电子邮件格式: 纯文本
跟踪检索式: 主题=(hydrogen bond)
精炼依据: Document Type=(REVIEW)
跟踪服务专辑: SCI-EXPANDED, SSCI, CCR-EXPANDED, IC
电子邮件频次: 每周 每月
保存
保存检索历史至服务器

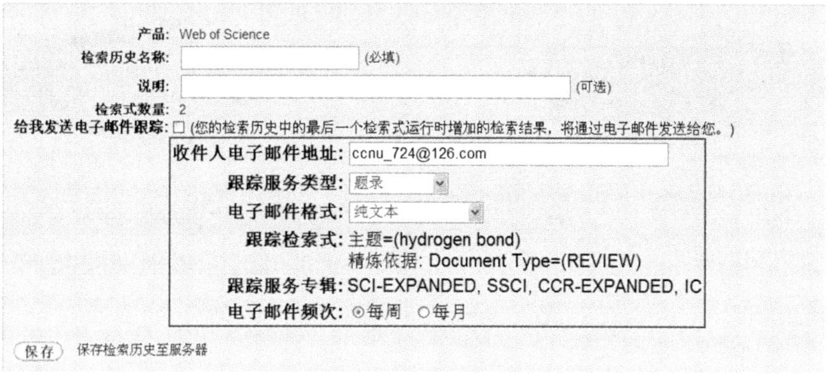

图 5-27　Web of Science 中“创建跟踪”界面

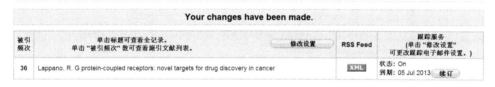

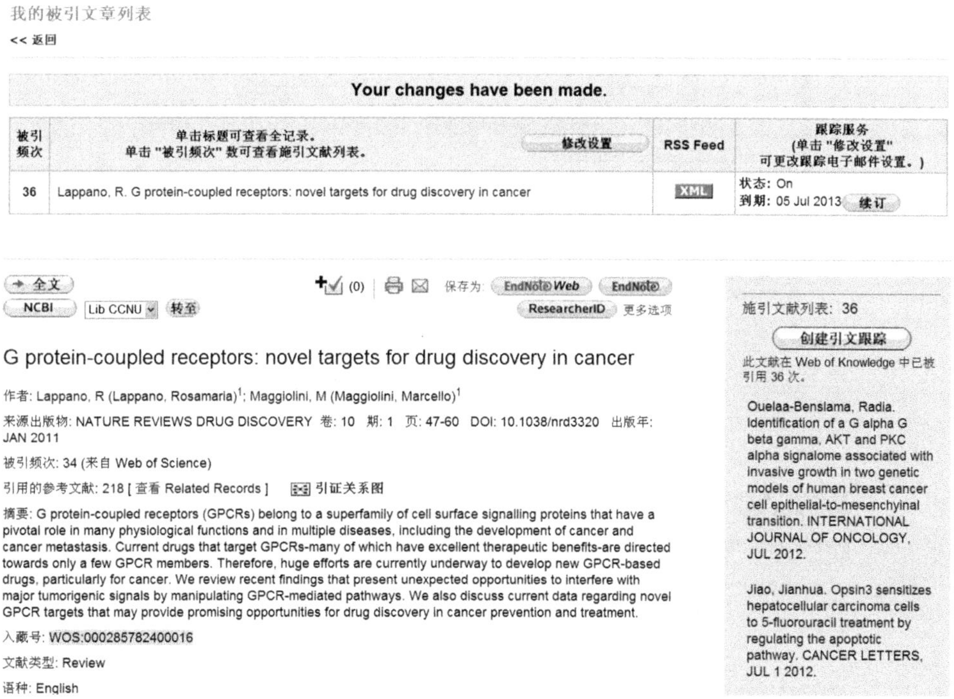

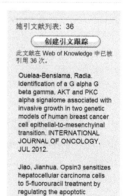

我的被引文章列表
<< 返回
Your changes have been made.
被引频次
单击标题可查看全记录。
单击"被引频次"数可查看施引文献列表。
修改设置
RSS Feed
跟踪服务
(单击"修改设置"可更改跟踪电子邮件设置。)
36
Lappano, R. G protein-coupled receptors: novel targets for drug discovery in cancer
XML
状态: On
到期: 05 Jul 2013
续订
全文
NCBI
Lib CCNU
转至
(0)
保存为:
EndNote Web
EndNote
ResearcherID
更多选项
G protein-coupled receptors: novel targets for drug discovery in cancer
作者: Lappano, R (Lappano, Rosamaria)1; Maggiolini, M (Maggiolini, Marcello)1
来源出版物: NATURE REVIEWS DRUG DISCOVERY 卷: 10 期: 1 页: 47-60 DOI: 10.1038/nrd3320 出版年: JAN 2011
被引频次: 34 (来自 Web of Science)
引用的参考文献: 218 [查看 Related Records]
引证关系图
摘要: G protein-coupled receptors (GPCRs) belong to a superfamily of cell surface signalling proteins that have a pivotal role in many physiological functions and in multiple diseases, including the development of cancer and cancer metastasis. Current drugs that target GPCRs-many of which have excellent therapeutic benefits-are directed towards only a few GPCR members. Therefore, huge efforts are currently underway to develop new GPCR-based drugs, particularly for cancer. We review recent findings that present unexpected opportunities to interfere with major tumorigenic signals by manipulating GPCR-mediated pathways. We also discuss current data regarding novel GPCR targets that may provide promising opportunities for drug discovery in cancer prevention and treatment.
入藏号: WOS:000285782400016
文献类型: Review
语种: English
施引文献列表: 36
创建引文跟踪
此文献在 Web of Knowledge 中已被引用 36 次。
Ouelaa-Benslama, Radia. Identification of a G alpha G beta gamma, AKT and PKC alpha signalome associated with invasive growth in two genetic models of human breast cancer cell epithelial-to-mesenchyinal transition. INTERNATIONAL JOURNAL OF ONCOLOGY, JUL 2012.
Jiao, Jianhua. Opsin3 sensitizes hepatocellular carcinoma cells to 5-fluorouracil treatment by regulating the apoptotic pathway. CANCER LETTERS, JUL 1 2012.

图 5-28　引文跟踪中的文章信息

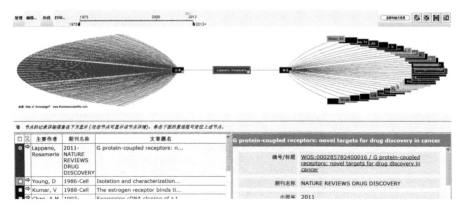

图 5-29 "引证模型"界面

图 5-30 对期刊按照"主题"进行分类界面

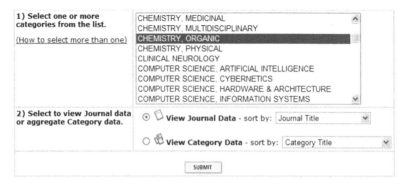

图 5-31 "主题类别"选项界面

第五章　Web of Knowledge 的数据库

Mark	Rank	Abbreviated Journal Title (linked to journal information)	ISSN	JCR Data					Eigenfactor® Metrics	
				Total Cites	Impact Factor	5-Year Impact Factor	Immediacy Index	Articles	Cited Half-life	Eigenfactor® Score	Article Influence® Score
☐	1	ALDRICHIM ACTA	0002-5100	1100	16.091	16.882	7.000	2	5.7	0.00328	5.246
☐	2	NAT PROD REP	0265-0568	5774	9.790	9.671	2.611	72	5.7	0.01594	2.972
☐	3	ADV CARBOHYD CHEM BI	0065-2318	851	7.643	5.560	0.333	6	>10.0	0.00074	1.614
☐	4	ADV ORGANOMET CHEM	0065-3055	951	7.000	6.636	0.500	2	>10.0	0.00074	1.834
☐	5	ADV SYNTH CATAL	1615-4150	14629	6.048	5.904	1.003	398	4.1	0.04809	1.485
☐	6	ORG LETT	1523-7060	68838	5.862	5.558	1.485	1680	4.9	0.18767	1.411
☐	7	BIOMACROMOLECULES	1525-7797	21280	5.479	5.646	0.752	509	4.9	0.06046	1.395
☐	8	BIOCONJUGATE CHEM	1043-1802	13657	4.930	5.224	0.577	300	5.5	0.03426	1.347
☐	9	J ORG CHEM	0022-3263	98614	4.450	4.204	1.099	1242	9.9	0.13784	1.050
☐	10	ORGANOMETALLICS	0276-7333	39562	3.963	3.786	1.013	827	6.9	0.06768	0.830

图 5-32　检索结果中影响因子排前十名的期刊

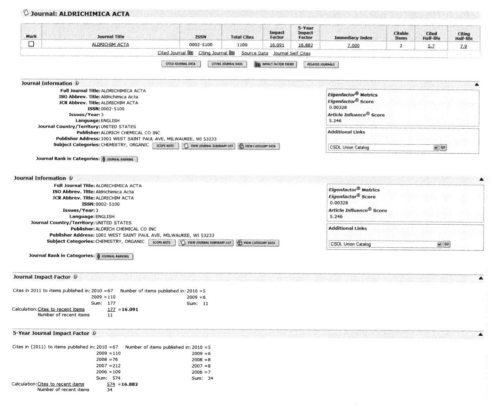

图 5-33　"期刊信息"界面

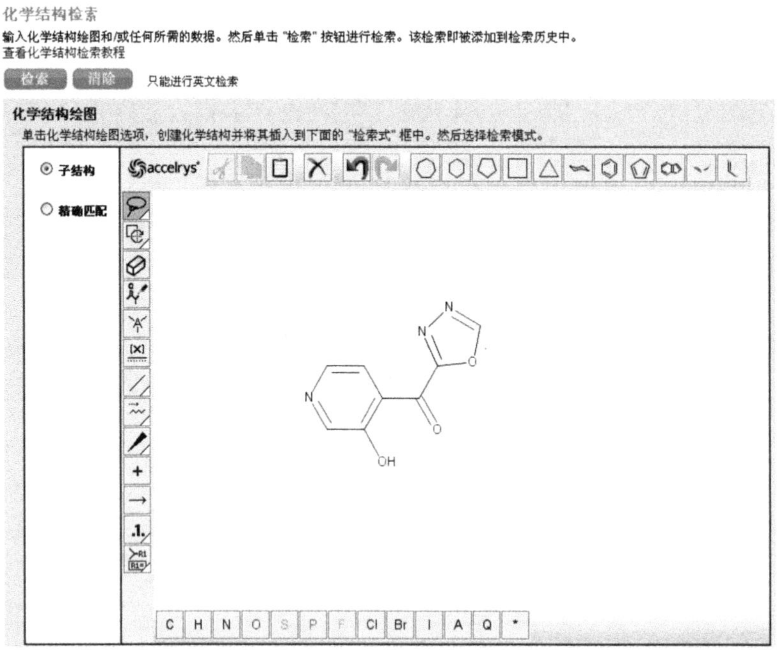

图 5-34 "化学结构检索"界面

图 5-35 待检索化合物为全新化合物的检索结果

思 考 题

1. ISI Web of Knowledge 检索平台上主要有哪些数据库？可以进行全库检索吗？
2. SCI 数据库中阅读单篇文献可以了解到那些信息？
3. 请查找华中师范大学被 SCI 收录的文献有多少篇，发表论文较多的有哪些科研人员和研究机构，与该校合作研究的主要有哪些外国机构，H 指数较高的科研人员是哪几位。
4. 请查找 2000 年以来武汉大学的会议论文，并查看谁参加会议最多。
5. 试比较 INSPEC、Medline 数据库与 SCI 数据库的分析功能。
6. INSPEC 数据库收录哪些文献？请查找 2000 年以来虚拟筛选在药物设计中应用的文献。
7. 请查找关键词为"Drug Discovery" 2012 年到 2013 年发表的文章，并找出其中应用次数最高的一篇。
8. 请查找华中师范大学刘盛华教授所发文章主要为哪个研究方向的杂志，其中引用次数最高的一篇的文章题目是什么。

第六章 SciFinder Scholar 数据库

一、SciFinder Scholar 简介

1. SciFinder Scholar 的主要栏目

SciFinder Scholar 是关于化学及相关学科（包括生物医学、工程、材料、农业等）研究的重要信息来源。用户通过 SciFinder Scholar 可以访问美国化学文摘社（CAS）的多个数据库和 MEDLINE。

（1）物质信息（Substance Information） 应用 Substance Information 可以查找化合物结构图示、CAS 化学物质登记号（CAS REGISTRY SM）和特定化学物质名称。CAS REGISTRY SM 中包含 2500 多万个化合物，包括合金、有机物、络合物、矿物、聚合物、盐类，此外还有相关的化学性质和计算数据。因此，可以通过输入化学物质名称、CAS 化学物质登记号或结构式进行检索。

（2）管控化学品（Regulatory Chemicals） Regulatory Chemicals 是查询管控化学品信息的工具。用户可以利用这个数据库了解管控化学品的物质的特征、性质、来源与纯度、安全规范。可根据结构式、CAS 化学物质登记号、化学名称（包括商品名、俗名等同义词）和分子式进行检索。该数据库每周更新，每周约新增 50 种物质。

（3）化学反应（Chemical Reactions） 帮助用户了解某些化合物的反应途径，包含多个反应步骤不同的途径。可以用结构式、CAS 化学物质登记号、化学名称（包括商品名、俗名等同义词）和分子式进行检索。该数据每周更新，每周新增 600～1300 个新反应。

（4）专利与期刊（Patent and Journal References） Patent and Journal References 主要包含世界上 50 多个专利发行机构的专利、期刊论文、图书、评论、学位论文、会议录、技术报告、会议摘要、电子期刊等文献。可以通过主题词、著者姓名、机构名称、文献标识号进行检索。该数据库每日约增 3000 条记录。

（5）化学品供应信息（Chemical Supplier Information） Chemical Supplier Information 提供有关化学品供应商的联系信息、价格情况、运送方式、物质的安全和操作注意事项等信息。对于所销售的化学品还包括化学品目录名称、订购号、化学名称和商品名、化学物质登记号、结构式、质量、物理性质、等级等。检索者可用结构式、CAS 化学物质登记号、化学名称（包括商品名、俗名等同

义词）和分子式进行检索。

（6）医药（Medline） 是美国国家医学图书馆出品的包含 70 多个国家 3900 多种期刊的生物医学书目型数据库，主要收录 1951 年以来与生物医学相关的期刊文献。

2. 通过检索 SciFinder Scholar 可获取的信息

（1）文献信息（Document Information） 它包括题目（Title）、作者（Author）或发明者（Inventer）、公司名（Company Name）、法人（Corporate Source）、专利代理人（Patent Assignee）、文献来源（Literature Source）、出版日期（Date of Publication）、出版者（Publisher）、卷期页（Volume Issue Page）、专利标识（Patent Identification）包括专利申请号（Patent Application）、优先号（Priority）、同族专利信息（Patent Family Information）、文章或专利的文摘（Abstract of the Article or Patent）、索引（Index）、补编（Supplementary Terms）、引证（Citation）、物质（Substance）、序列反应与讨论（Sequences and Reaction Discussed with in the Document）。

（2）物质信息（Substance Information） 它包括化学品名（Chemical Name）、CAS 登记号（CAS Registry Number）、分子式（Molecule Formula）、结构图（Structure Diagram）、来自化学供应商的商业信息（Commercials Source Information from Chemical Supplier Catalogs）、可控信息（Regulatory Information）、编者注释（Editor Notes）、物质有关的文献（Documents in which the Substance Referenced）、物质参与的反应（Reactions in which the Substance Participates）、与 STN 相关信息的数据表（A List of other Database Avaliable from STN, for Related Information）。

（3）反应信息（Reaction Information） 包括反应图（Reaction Diagrams）、反应产物（Reaction Products）、试剂（Reagents）、催化剂（Catalysts）、溶剂（Solvents）、引证文献的超级链接（Citation Hyperlinked to the Reference）、附加反应（Additional Reaction）、物质的详细资料（Substance Details）、商业来源（Commercial Sources）、所有与反应有关的信息（Regulatory Information for all Reaction Participants Notes）。

3. SciFinder Scholar 的检索信息

（1）信息检索（Explore） SciFinder Scholar 的信息检索（Explore）可归纳为文献检索（Literature）、物质检索（Substances）、反应检索（Reactions）三种方式。文献检索用于研究主题、作者、组织机构的检索。物质检索通过输入化学结构或分子式进行检索，并进一步了解化学物质的商业来源、管制化学物质列表及反应信息。反应检索为输入已知物质，进行其作为产物、反应物、试剂、催化剂、溶剂等作用的一系列反应的检索。

（2）定位检索（Locate） Locate 常用于检索特定的文献或物质（Find a

Specific Reference or Substance)。

① Locate Literature　Locate Literature 主要检索期刊信息 (Bibliographic Information)。如杂志名与题目 (Journal Name, Title)、文献标识 (Document Identifier)、专利号 (Patent Number) 与 CA 文摘号 (CA Abstract Number)。

② Locate Substance　Locate Substance 主要检索物质标识 (Substance Identifier)。如化学品名称、CAS 登记号 (Chemical Name, CAS Registry)。

(3) 最新期刊目次浏览 (Browse)　Browse 提供最新 1990 余种最近期刊列，单击 Browse Journal Table of Contents，可直接浏览 1800 多种核心期刊的摘要及其引文等编目内容，部分期刊还可以获取全文。

二、SciFinder Scholar 的检索方法实例

要想使用 SciFinder Scholar Web 版进行文献检索，首先要登录 SciFinder Scholar，其登录页面如图 6-1 所示，输入账号密码之后，再根据图 6-2 提示信息点击 "Accept" "Continue"，即登录到图 6-3 SciFinder Scholar Web 版检索界面。根据检索对象的不同，该检索界面下的检索可分成三类：文献检索 (Explore References)、物质检索 (Explore Substances)、反应检索 (Explore Reactions)。另外 SciFinder Scholar 还可以对检索结果进行分析 (Analyze)、限定 (Refine)，方便用户精确选择检索范围进行二次检索。

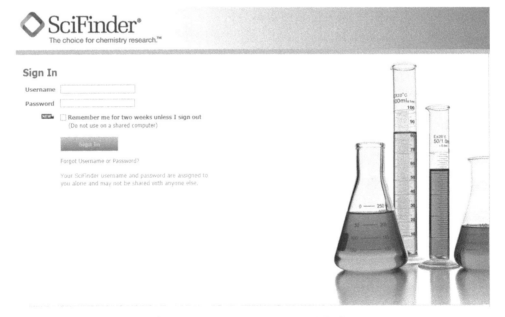

图 6-1　SciFinder Scholar Web 登录页面

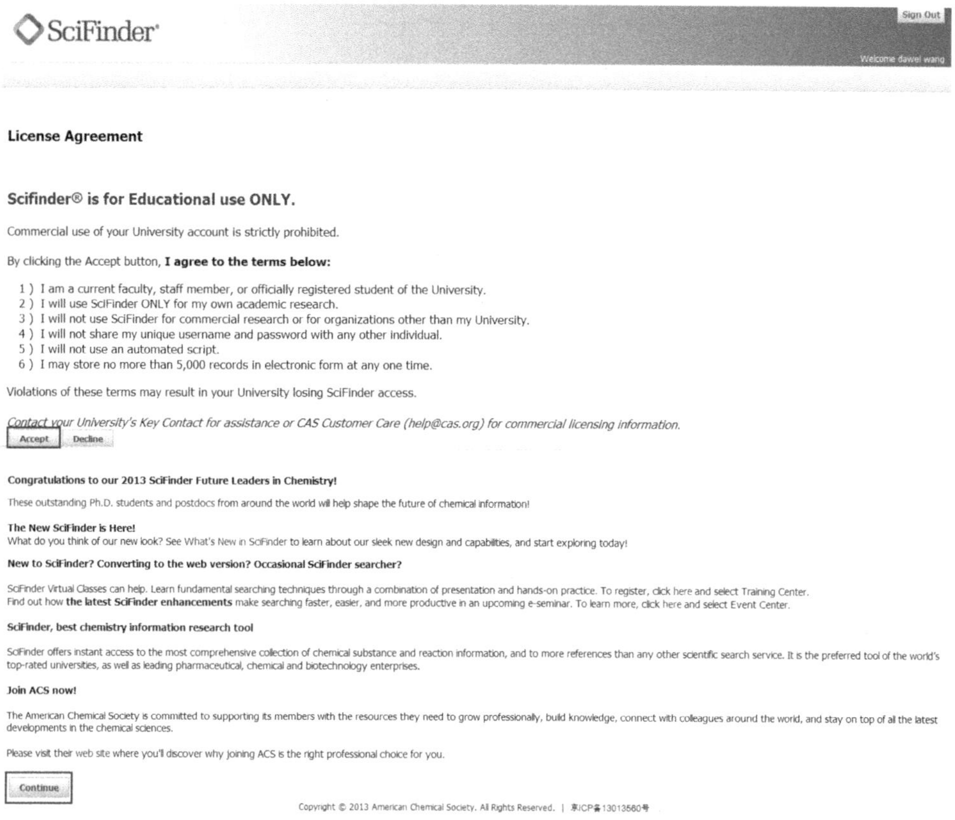

第六章 SciFinder Scholar 数据库

图 6-2 SciFinder Scholar Web 登录提示页面

1. 文献检索

若要文献检索，先要在图 6-4 中单击"Explore References"，即进入文献检索的界面。文献检索具体可以通过包括主题（Research Topic）、作者姓名（Author Name）、公司名称（Company Name）、文献标志符（Document Identifier）、期刊（Journal）、专利（Patent）检索等方法进行。

（1）主题检索（Research Topic） 单击"Research Topic"，即进入相应的检索界面。其检索步骤为：①在检索框中输入检索词，如"hydrogen bond"，如图 6-5 所示；然后根据需要限制检索条件，如出版年、文献类型、语种、作者姓名、机构名称等；②单击"Search"即可。检索结果会显示若干主题候选项（Research Topic Candidates），每一主题候选项后会给出参考文献数，用户可以根据自己的需要选择最接近的一个或者多个选项，如图 6-6 所示。单击"Get References"即可得到所需文献，如图 6-7 所示，再根据自己的兴趣选择所需的文献。

（2）作者姓名（Author Name） 通过作者来检索文献，单击"Author

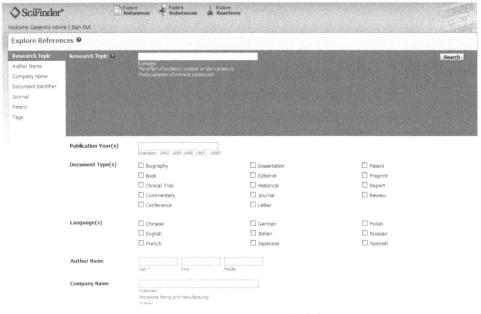

图 6-3 SciFinder Scholar Web 版检索界面

图 6-4 检索方法版块界面

Name"即可进入相应的检索界面。输入想要检索作者的姓名,可以检索到该作者发表的文献,例如想要检索肖文精教授发表的文章,则需在"Last"输入"xiao",在"First"输入"wenjing"即可,如图6-8所示。其中"姓"必须输入全称,"名"可以输入全称也可以输入缩写。如果不能确认则可以选择下面的选项"Look for alternative spellings of the last name",在给出的候选姓名里选择,以提高查全率,如图6-9所示。系统不区分大小写,对于不确定的名,可以输入首字母。

在此,在候选姓名里选择"XIAO WENJING",点击"Get References",就可以查到肖文精教授发表的论文,这里显示该作者共发表论文110篇,如图6-10所示。

根据自己的兴趣选择所需要的文献进行查看。如选中第2篇文献,进一步查询其相关的信息,点击第二篇文献的标题,即可以查阅相关信息(图6-11)。用户可以根据自己的需要对该文献的相关反应、物质、全文进一步查询。

(3)公司名称(Company Name) 通过公司名称(Company Name)检索,获得与该公司、组织、高校、政府机构、非盈利组织等机构的研究相关的文献信

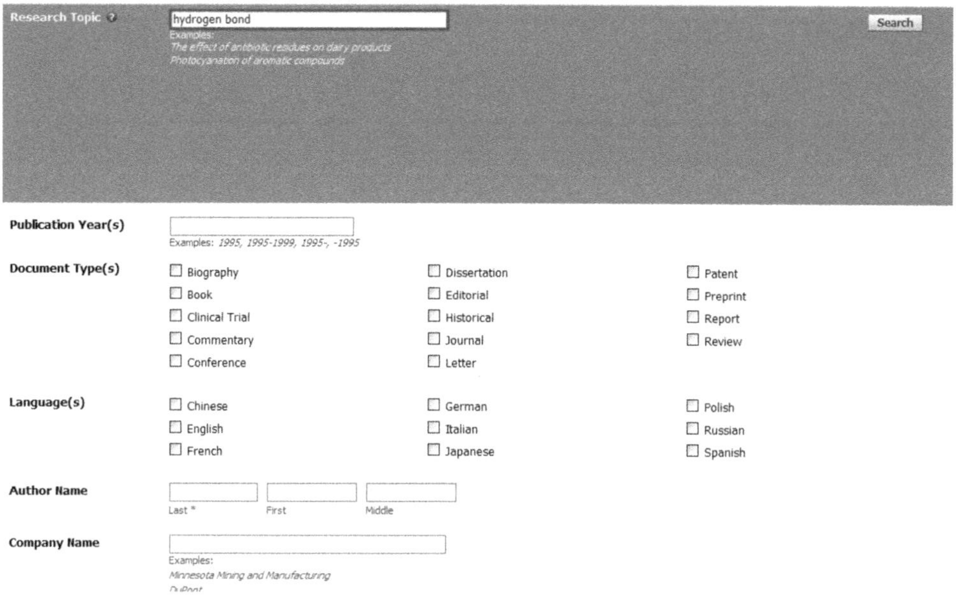

图 6-5　主题检索界面

图 6-6　主题检索结果界面（一）

息。单击"Company Name"即可进入其检索界面，在此，我们以检索华中师范大学所发表的文献为例，只需在检索框中输入检索词"Huazhong normal university"，如图 6-12 所示。点击"Search"即可。检索结果如图 6-13 所示，用户可以根据需要查找相应的文献。

（4）文献标志符（Document Identifier）　通过 CA 文摘号、DOI 号等文献标

图 6-7　主题检索结果界面（二）

图 6-8　作者姓名检索界面

图 6-9　作者姓名检索结果界面（一）

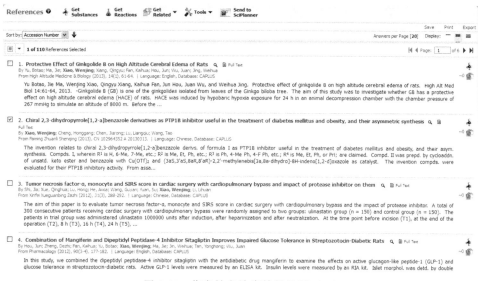

图 6-10 作者姓名检索结果界面（二）

图 6-11 作者姓名检索结果界面（三）

志符检索文献。

（5）期刊（Journal） 通过期刊检索这种途径可以用来检索具体的某一篇期刊文献，只要在相应的位置输入期刊的名称、卷、期、起始页码即可。如果上述项目不全，还可以输入篇名中的关键词或者输入作者姓名来帮助找到具体的文献。另外可以限制出版年以缩小检索结果。

（6）专利（Patent） 检索专利文献时可以利用此途径，检索字段包括专利

图 6-12　公司名称检索界面

图 6-13　公司名称检索结果界面

号（Patent Number）、专利权人（Assignee Name）、专利发明人（Inventor Name）三项。

2. 物质检索

如果想要了解某一化学物质的详细信息，可以进行物质检索。物质检索的途径有化学结构（Chemical Structure）检索、马库西（Markush）检索、分子式（Molecular）检索、性质检索、物质标志符（Substances Identifier）检索等。

（1）化学结构（Chemical Structure）检索　化学结构检索是指通过化学结构检索化学物质的相关信息，其检索界面如图 6-14 所示。这里，以 [结构图] 为例介绍化学结构检索的检索步骤。首先单击图 6-14 中的"Click to Edit"，利用系统提供的结构编辑软件绘制出 [结构图] 的结构，绘制化学物质结构的界面如图 6-15 所示，利用图中相关的工具绘制物质结构后，右侧会对检索范围提供三种选择：精确检索（Exact Search）、亚结构检索（Substructure Search）、相似结构检索（Similarity Search）。

精确检索是仅检索出和所绘制的结构完全匹配的物质；亚结构检索是指检索

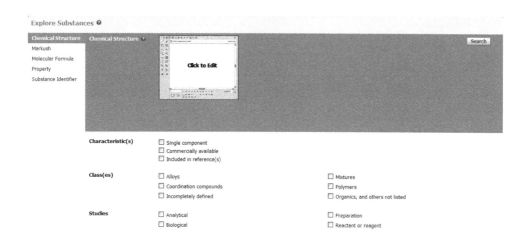

图 6-14　SciFinder Scholar Web 版化学结构检索化学物质界面

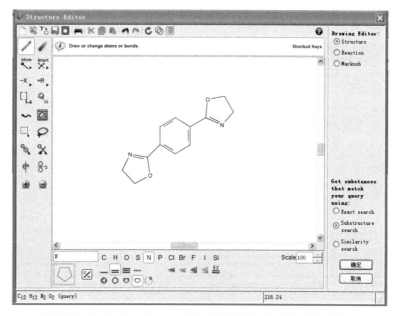

图 6-15　SciFinder Scholar Web 版化学结构检索结构绘制界面

出包含该结构作为亚结构的物质；相似结构检索是指检索出和所绘制结构相似的物质，相似结构的物质一般具有相同的性质。这里采用亚结构检索，点击确定，得到如图 6-16 所示的化学结构检索物质的检索界面。

然后，可以对检索条件做进一步的限制，包括特征（Characteristics）、物质种类（Classes）、研究重点（Studies），最后单击"Search"即可。检索结果如

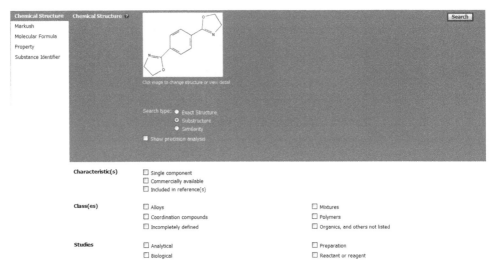

图 6-16　SciFinder Scholar Web 版化学结构检索化学物质界面

图 6-17 所示，检索结果中给出了各种含有 的可能的结构。

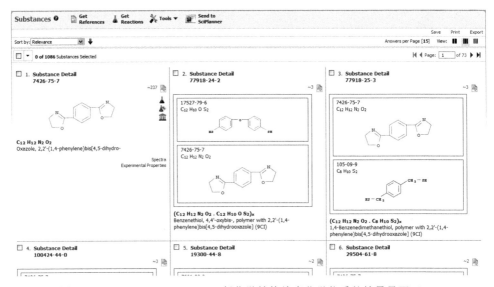

图 6-17　SciFinder Scholar Web 版化学结构检索化学物质的结果界面（一）

每一种结构提供的化学物质信息有结构式、分子式、化学名称、CAS 登记号、谱图、实验性质等。以物质　　　为例对有关该物质的具体信息查找进行说明。下面详细描述了与　　　的相关文献、相关化学反应、商业信息来源、

第六章 SciFinder Scholar 数据库

管制信息、图谱信息等的具体查找步骤。

如需检索和该物质相关的参考文献,可以进行两种操作。单击该物质右边的第一个图标, 或者点击上方的"Get References", 如图 6-18 所示。单击或者上方的"Get References"之后, 然后选择该物质的具体信息查找文献, 这里选择"Reactant or Reagent"来查找该物质作为反应物的相关的文献, 如图 6-19 所示。点击"Get"之后, 就可以得到该物质作为反应物的相关文献信息, 如图 6-20 所示。

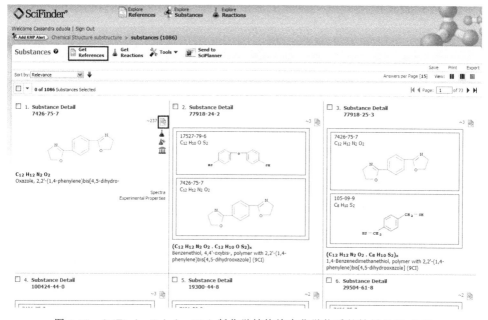

图 6-18 SciFinder Scholar Web 版化学结构检索化学物质的结果界面(二)

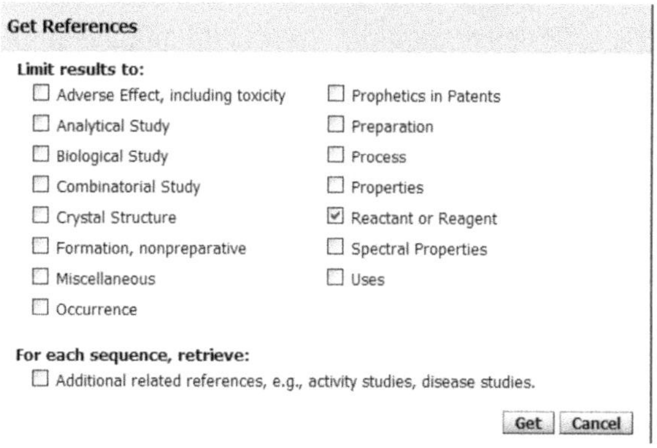

图 6-19 SciFinder Scholar Web 版化学结构检索文献的选择界面

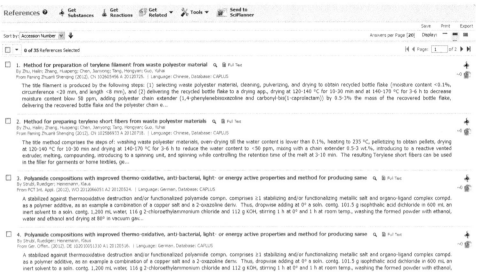

图 6-20 SciFinder Scholar Web 版化学结构检索化学物质的结果界面(三)

如需检索和该物质相关的化学反应,也可以单击该物质右边的第二个图标,或者点击上方的"Get Reactions"。点击之后,出现如图 6-21 所示的关于该物质在反应中的作用的选择界面。

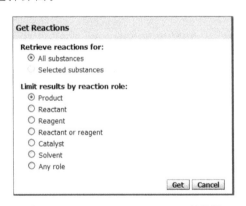

图 6-21 SciFinder Scholar Web 版化学
结构检索化学反应的选择界面(一)

这里选择"Product",点击"Get",则可以得到 作为产物的相关的化学反应,如图 6-22 所示。这里选择反应 29 前面的 □,然后点击"View Reaction Detail",就可以得到该反应的有关信息,如图 6-23 所示。根据查到的该反应式,可以进一步查询该反应参考的详细文献(Reference Detail)、该反应的全文(Full Text)以及相似的反应(Similar Reaction)等。

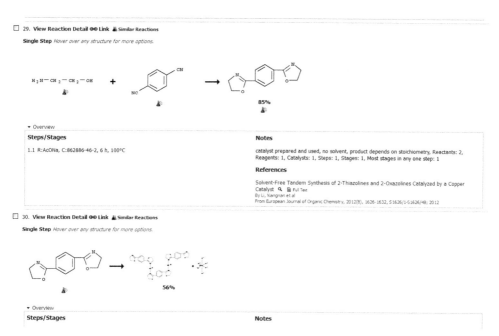

图 6-22　SciFinder Scholar Web 版化学结构检索化学反应的结果界面（一）

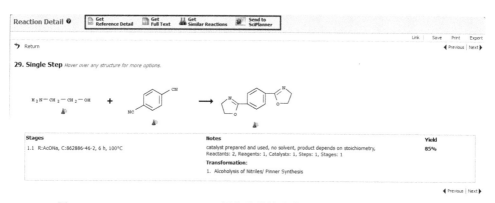

图 6-23　SciFinder Scholar Web 版化学结构检索化学反应的结果界面（二）

这里，根据该反应，查阅其相似的反应，点击"Similar Reaction"，然后会弹出获取相似反应的选择的界面，如图 6-24 所示。根据相似度水平，有 3 个选项可选，这里选择"Narrow"，即以该结构为中心，只相应的加一些原子和键。点击"Get Reactions"，得到的检索结果如图 6-25 所示。用户可以根据自己的需要，找到感兴趣的反应，并获得相应的文献。

如需检索和该物质相关的图谱信息，可以单击该物质下面的"Spectra"，如图 6-26 所示。

点击之后，会出现许多与该物质有关的谱图，如图 6-27 所示。用户可以根

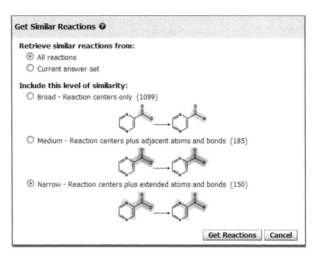

图 6-24　SciFinder Scholar Web 版化学结构检索化学反应的选择界面（二）

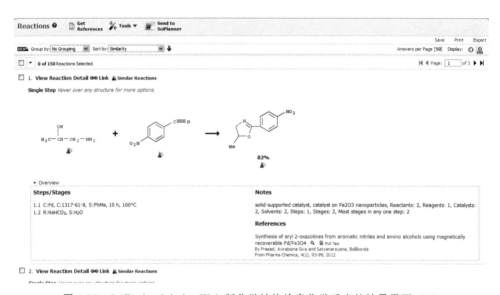

图 6-25　SciFinder Scholar Web 版化学结构检索化学反应的结果界面（三）

据自己想要了解的详细信息，选择相应的谱图。这里选择红外吸收光谱，点击"IR Absorption Spectrum"中"Note"项为"CAS"的"See Spectrum"，查得其详细的红外光谱信息，如图 6-28 所示。

如需检索和该物质相关的商业信息来源，可以单击该物质右边的第三个图标，得到的检索结果如图 6-29 所示。用于可以了解该物质的商业获得渠道及其价格等相关信息。

如需检索和该物质相关的管制信息，可以单击该物质右边的第四个图标，

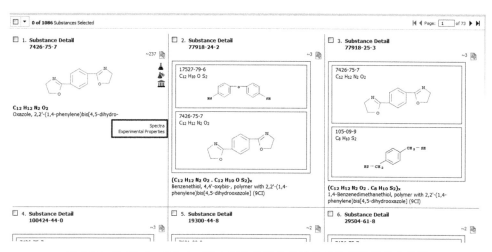

图 6-26　SciFinder Scholar Web 版化学结构检索化学物质图谱信息界面

Spectra Properties	Value	Condition	Note
Carbon-13 NMR Spectrum	See spectrum		(1)AIST
Carbon-13 NMR Spectrum	See spectrum		(2)BIORAD
Carbon-13 NMR Spectrum	See full text		(3)CAS
IR Absorption Spectrum	See spectrum		(4)BIORAD
IR Absorption Spectrum	See spectrum		(4)BIORAD
IR Absorption Spectrum	See full text		(3)CAS
Mass Spectrum	See spectrum		(1)AIST
Proton NMR Spectrum	See spectrum		(1)AIST
Proton NMR Spectrum	See spectrum		(2)BIORAD
Proton NMR Spectrum	See full text		(3)CAS

Top

图 6-27　SciFinder Scholar Web 版化学结构检索化学物质图谱信息结果界面（一）

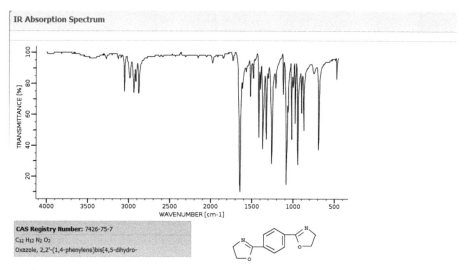

图 6-28　SciFinder Scholar Web 版化学结构检索化学物质图谱信息结果界面（二）

得到的检索结果如图 6-30 所示。

除了上述方法可以查到该物质的相关文献、相关化学反应、商业信息来源、

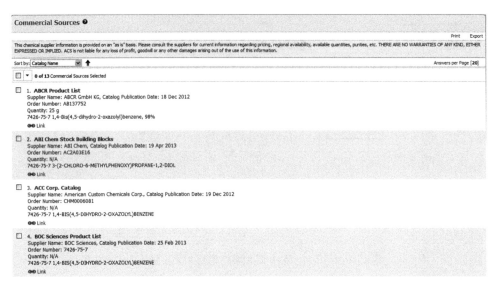

图 6-29 SciFinder Scholar Web 版化学结构检索化学物质商业信息来源结果界面

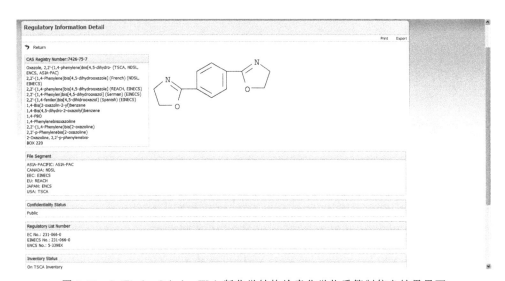

图 6-30 SciFinder Scholar Web 版化学结构检索化学物质管制信息结果界面

管制信息、图谱信息等信息外,还可以直接点击该物质上方的"Substance Detail",查询到的结果如图 6-31 所示。用户也可以从物质的详细信息这一界面,查询该物质的其他相关信息。

(2)马库西(Markush)检索 马库西检索可以看作化学结构检索的一种,不过它所绘制的物质结构是由一个母体基团和可变取代基组成,这种结构成为马库西结构。利用这种结构检索,得到的检索结果是含有这一族化学物质的相关文献。例如,想要查询如图 6-32 所示的结构,只需在系统提供的结构编辑软件绘

第六章 SciFinder Scholar 数据库

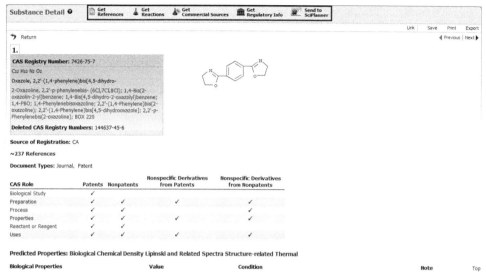

图 6-31 SciFinder Scholar Web 版化学结构检索化学物质详细信息结果界面

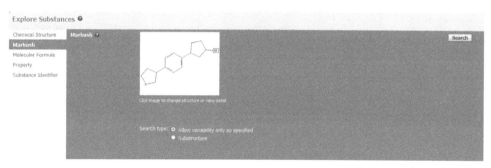

图 6-32 SciFinder Scholar Web 版马库西检索界面

制出该结构，就可以找到以此结构为母体在相应的位置含有对应取代基的系列结构的相关的文献。点击"Search"后，检索结果如图 6-33 所示。用户可以根据自己的需要进一步找到感兴趣的文献进行查阅。

（3）分子式（Molecular）检索　分子式检索是指利用物质的分子式检索物质的相关信息。在分子式检索框中输入分子式，如"C3H6ClO"，单击"Search"即可，如图 6-34 所示。输入时，分子式的顺序可以任意编排，SciFinder Scholar 会分析输入的分子式，并重新编排原子，使之成为能被计算机识别的 Hill System Order，搜索 CAS Registry 数据库，并显示匹配结果。点击"Search"之后，获得的检索结果如图 6-35 所示，在图 6-35 中，有关于此分子式的各种同分异构体的化合物，检索结果显示的各化学物质信息有结构式、分子式、化学名称、CAS 登记号、谱图、实验性质、相关的文献及反应等。具体的各种信息的检索方法，如前所述。

图 6-33 SciFinder Scholar Web 版马库西检索结果界面

图 6-34 SciFinder Scholar Web 版分子式检索界面

(4) 性质 (Property) 检索 性质检索是指根据物质的相关性质来对物质进行检索。物质的性质检索包括实验测定的性质检索和预测的性质检索两种。单击"Property"即可进入其检索界面,选择相关的性质,直接在检索框中输入,单击"Search"即可。这里选择实验测定的熔点 240℃作为性质检索条件,如图 6-36 所示。然后点击"Search",检索的结果如图 6-37 所示,图 6-37 所示的结构都是熔点为 240℃的结构,用户可以根据需要选择自己想要的检索物质进一步查询。

(5) 物质标志符 (Substance Identifier) 检索 物质标志符检索是指利用物质的化学名称或者 CAS 登记号来对物质进行检索。单击"Substance Identifier"即可进入其检索界面,直接在检索框中输入化学名称或者 CAS 登记号,单击"Search"即可。在此,以 CAS 登记号 7426-75-7 作为物质标志符进行检索,如图 6-38 所示。注意输入时每行只能输入一个物质标志符。单击"Search"后,检索结果如图 6-39 所示。检索结果显示的化学物质信息也包括结构式、分子式、化学名称、CAS 登记号、谱图、实验性质、相关的文献及反应等,想要深入查

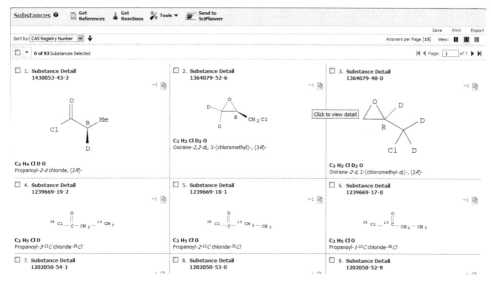

图 6-35 SciFinder Scholar Web 版分子式检索结果界面

图 6-36 SciFinder Scholar Web 版物质性质检索界面

找相关信息,如前所述。

3. 反应检索

利用结构编辑软件绘制出想要检索的物质结构,点击左侧的箭头 选择该物质在反应中扮演的角色(反应物、产物还是催化剂)对反应方程式进行检索,编辑界面如图 6-40 所示。点击确定之后,进入检索反应的界面,如图 6-41 所示。在检索之前,也可以对检索的反应进行条件限制,例如,反应所用的溶剂、非参与性反应基团、反应步数、分类、来源、出版年等。这里不做其他条件限制,点击"Search",检索结果如图 6-42 所示。检索结果为一系列的化学反应,用户可以选择感兴趣的反应式、链接到文摘或者检索各种相关信息。

4. 检索结果及其分析/限定功能

图 6-43 是以机构名称 "Department of Chemistry Central China Normal

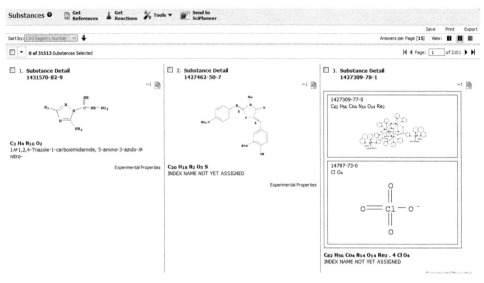

图 6-37　SciFinder Scholar Web 版物质性质检索结果界面

图 6-38　SciFinder Scholar Web 版物质标志符检索界面

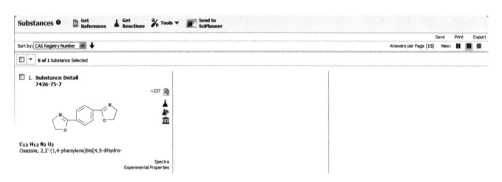

图 6-39　SciFinder Scholar Web 版物质标志符检索结果界面

Univesity"进行文献检索的结果。文献检索结果的排序方式可以选择。每一条文献记录均包含文献题名、作者、出处、语种、数据库来源，如果用户同时具有该篇文献所在的全文数据库的权限，还可以直接链接到全文（Full Text）。另外可以单击"物质结构"图标，查看文献中所包含的化学物质的详细信息，还可以

第六章　SciFinder Scholar 数据库

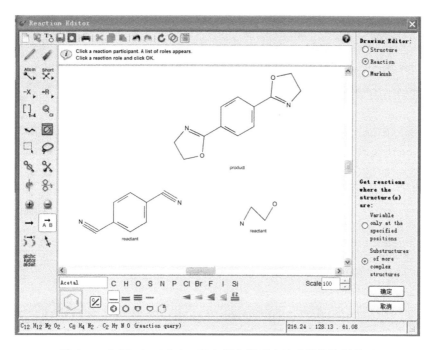

图 6-40　SciFinder Scholar Web 版化学反应检索结构绘制界面

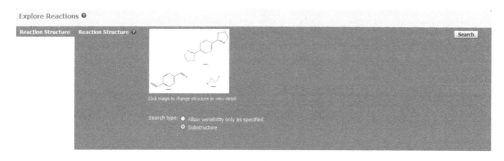

图 6-41　SciFinder Scholar Web 版物质化学反应检索界面

单击"Get Related"图标，查看该篇文献的相关文献。

SciFinder Scholar 对检索到的结果具有很强的分析功能（Analysis），可按作者名（Author Name）、文献类型（Document Type）、期刊名（Journal Name）、语种（Language）、出版年（Publication Year）等项目对检索结果进行统计分析。分析工具会根据分析结果做出图形，用户可以对检索结果一目了然。通过分析，用户可以更清晰地了解与该主题相关的研究状况，比如通过作者、机构分析，可以了解那些研究人员、哪些机构在从事相关的研究；通过出版年分析，可以了解研究课题的发展历史；通过期刊名分析，可以了解研究可以发表在哪些期

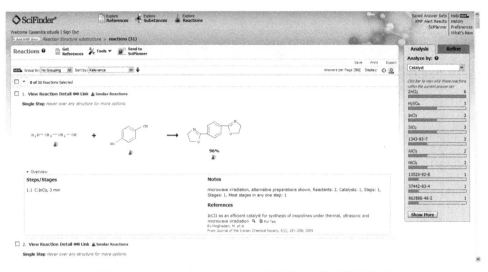

图 6-42 SciFinder Scholar Web 版化学反应检索结果界面

图 6-43 SciFinder Scholar Web 版机构名称检索结果界面——Analysis/Refine

刊上，可以选择投稿或订阅期刊等。图 6-43 中，检索结果通过作者进行分析，单击某位作者的图形，即可看到该作者相应的文献信息。

此外，SciFinder Scholar 还具有（Refine）功能，可以实现二次检索。限制项目包括研究主题（Research Topic）、机构（Company Name）、作者名（Author Name）、出版年（Publication Year）、文献类型（Document Type）等。用户可以根据自己的目的，选择合适的限制项目，在上一次的检索结果中进行二次检索。

思 考 题

1. SciFinder Scholar 中的物质信息主要包括哪些信息?它可以通过哪几种途径查找?叙述其查找过程。
2. 叙述如何通过 SciFinder Scholar 查找某作者发表的文章。
3. 已知双酚 A 的分子式为 $C_{15}H_{16}O_2$,其中文名称:2,2-二(4-羟基苯基丙烷)二酚基丙烷。请通过 SciFinder Scholar 查找其化合物登记号、结构式、英文名以及关于它的反应。
4. 已知某化合物 3-乙基-3-苯基丁腈,通过 SciFinder Scholar 的结构反应图查找该物质的制备方法及相关文献。
5. 通过 SciFinder Scholar 查找荧光涂料的制备的文献。
6. 通过 SciFinder Scholar 查找作者艾智慧所发表的文章。
7. 通过物质定位检索查找 3-氨基丙基三乙氧基硅烷作为涂料中的偶联剂的两篇专利文献。
8. 如何通过 SciFinder Scholar 来确定一个化合物是已知化合物还是未知化合物?
9. 通过 SciFinder Scholar 查找由苯胺出发制备乙酰苯胺的方法。
10. 通过 SciFinder Scholar 查找 CAS 登记号为 103-82-2 化合物的制备方法。

第七章 Reaxys 数据库

一、Reaxys 数据库简介

2009年1月1日世界三大出版集团之一的爱思唯尔（Elsevier）公司正式推出 Reaxys 数据库，Reaxys 数据库的性质是化学数值与事实数据库。Reaxys 是由著名的贝尔斯坦（CrossFire Beilstein）、专利化学（Patent Chemistry）和盖墨林（Gmelin）整合为一的，包含了3000多万个反应、2000多万种物质、500多万条文献记录，并且数据库处于不断的更新中。如图7-1所示为 Reaxys 发展历程的示意图。

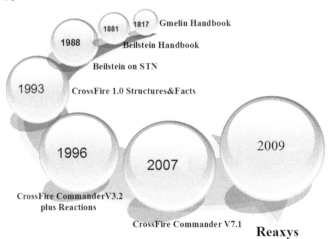

图 7-1 Reaxys 发展历程

1. CrossFire Beilstein

CrossFire Beilstein 是世界最全的有机化学数值和事实数据库，数据来源于著名的《贝尔斯坦有机化学手册》、《贝尔斯坦有机化学大全》，时间跨度从1771年至今；主要包括化学物质部分（有机化合物的结构式信息、物理性质、生物活性数据等）、反应信息部分（超过1000万条有机反应路线详细信息）、文献部分（接近200万篇引文、题录、文摘）。

2. Patent Chemistry

Patent Chemistry 的数据来源于1869～1980年的有机化学专利以及1976年

以来有机化学、药物（医药、牙医、化妆品制备）、生物杀灭剂（农用化学品、消毒剂等）、染料等的英文专利（美国、欧洲、国际）。数据库包含的化学反应超过 150 万个，有 160 万个有机、无机、金属有机化合物和聚合物及相关的数据。

3. CrossFire Gmelin

CrossFire Gmelin 是迄今为止最为全面的无机化学和金属有机化学数值和事实数据库，数据来源于《盖默林无机与有机金属手册》及 1975 年以后的材料学科期刊。时间跨度从 1772 年至今；收集的化合物达 140 万个，主要包括合金、固溶体、玻璃、陶瓷、高分子、矿物、配位化合物等。

Reaxys 数据库将化学反应和化合物数据检索功能、合成路线设计功能、分析工具等综合为一体，为有机化学、药物化学、有机金属化学、无机化学、材料等学科的研究提供了一个专业高效的平台。Reaxys 数据库基于网络访问，无需安装客户端软件，并且针对化学家的使用习惯设计检索界面，简单易用。

二、Reaxys 数据库功能介绍

打开网址 https://www.reaxys.com，即进入 Reaxys 的检索界面。导航栏包括以下几部分：查询（Query）、结果（Results）、合成路线设计（Synthesis Plans）、检索历史（History）、报告（Report）、我的提示（My Alerts）、我的账户设定（My Settings）、帮助（Help）、讯息（Info）以及最右侧的注册、登录/退出（以新版界面为例，旧版界面于 2013 年 6 月 8 日不再可用）。

1. Reaxys 的检索（Query）

Reaxys 的标准检索方式（图 7-2）包括结构/反应（Structures & Reactions）、名称/分子式（Names & Substances）、文献（Literature）、反应数据（Reaction Da-

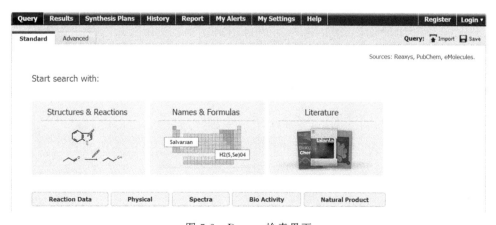

图 7-2 Reaxys 检索界面

ta)、物理性质(Physical)、谱图(Spectra)、生物活性(Bio Activity)、天然产物(Natural Product)等八种检索方式,可使用某一种检索方式单独检索,也可使用多种检索方式组合进行联合检索,通过联合检索可以更加精确地得到你所需要信息。点击"Query"下的高级检索(Advanced)也可进入 Reaxys 的高级检索界面(图 7-3)。高级检索则是根据检索框提示输入检索词,多个检索词之间可以进行布尔组配,还可以对检索词进行字段限定。当输入的词不确定时,可以使用删减字符"!"或通配符" * "。

图 7-3 Reaxys 高级检索界面

2. Reaxys 的结果显示(Results)及输出(Output)

Reaxys 以表格形式显示检索结果,表格的最左侧"Filter By"中是对显示结果的各种二次限定(如图 7-4 所示)。每条文献前的方框用于勾选文献,点击上方的"Limit to"即显示选定的结果。表格上方的放大镜提供显示结果放大缩小功能。Reaxys 对于显示结果还提供不同情况的排序,不同的检索方式分别按显示结果内容提供不同的排序方式。Reaxys 对检索结果限定处理的每一步都在

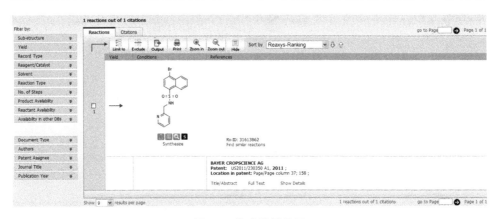

图 7-4 检索结果界面

导航栏与结果显示表格间以方框形式一步一步地表现出来，通过点击方框可以回到任何一个结果显示步骤。

3. Reaxys 的合成设计（Synthesis Plans）

点击"Synthesis Plans"即可进入合成设计界面，也可通过点击检索显示结果中任何化合物下的"Synthesis"超链接、下载已经保存的合成设计文件及建立新任务项三种方式建立化合物的合成设计。点击物质结构下的"Synthesis"超链接进入"Synthesis Plans"界面，显示文献中化合物的合成路线图（图7-5）。

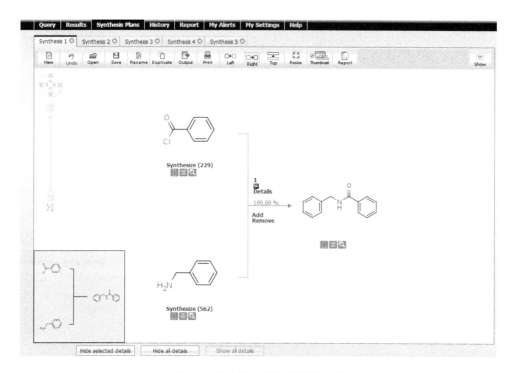

图 7-5 化合物合成路线显示界面

若该路线图不符合用户的合成要求，可通过点击"Remove"键确定后去除不符合要求的步骤。在"Synthesis Plans"界面也可以 Remove 页面中的所有合成步骤，点击需合成目标产物下的 Synthesis 链接可显示所有目标产物的相关合成文献。还可根据文献中不同的合成路线点击"Add"，在下拉菜单中选择"Manually"手动选取感兴趣的合成路线，通过结果显示表格上方的"Add Selection"限定选择文献，也可使用 Reaxys 提供的"Autoplan"来增加合成路线。另外，通过点击化合物下方烧瓶状的图标也可获得该化合物的商品信息，可根据需要选择是否购买。

三、Reaxys 的检索方法实例

实例 1 寻找抗紫外线防晒霜原料

在标准的检索界面选择 "Substances" 项，点击结构编辑框下面的 "Create Structure Template from Name"，在弹出的输入框里输入 "oxybenzone"（一种常见的紫外吸收剂），如图 7-6 所示，点击 "Submit" 即可得到 Oxybenzone 的结构式。

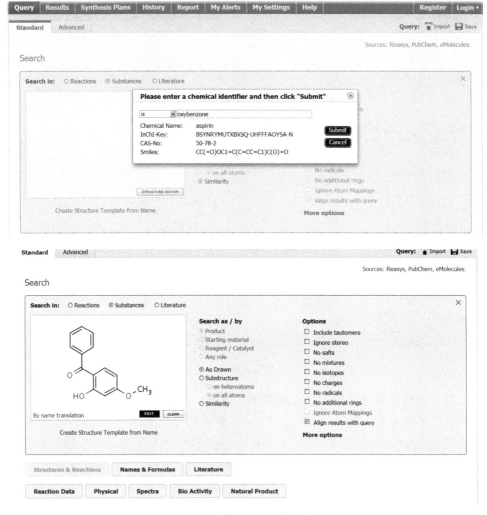

图 7-6 根据化合物名称构建化合物结构

由于我们希望找到更多类似骨架结构的具有抗紫外线性质的化合物，所以，以该结构作为检索的骨架结构在其相应的位置连接取代基,设置取代基的类型为羟基、烷氧基、烷基,并在下方方框中输入吸收光谱、吸收效率的限制条件。以这样的限制条件检索得到的化合物就具有与 Oxybenzone 相同的骨架结构,同时对紫外线的吸收能力在我们设定的范围内,检索结构如图 7-7 所示。在结构输入框的下方"Show searchable fields"可以查看有哪些性质是可以进行限制检索的,如果直接输入的话可以通过"Check Syntax"检查输入是否正确。

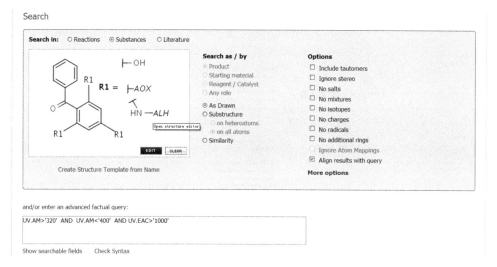

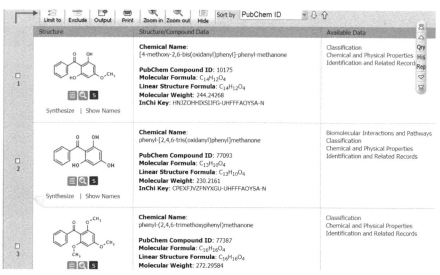

图 7-7　取代基和物理性质限制检索

实例 2　查找三氟甲基苯的红外光谱

在标准的检索界面选择"Substances"项,点击结构编辑框下面的"Create

Structure Template from Name",在弹出的输入框里输入"benzenyl fluoride",点击"Submit"即可快速得到三氟甲基苯的结构式,点击"Search"检索,结果显示有54个三氟甲基苯的记录,如图7-8所示。

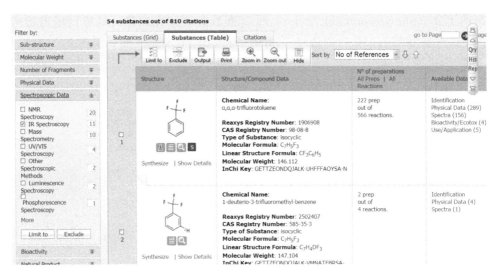

图7-8 检索得到有关三氟甲基苯的记录

由于我们希望查询三氟甲基苯的红外光谱谱图,于是进一步对得到的检索结果进行二次检索。点击展开检索结构右侧"Filter by"侧边栏的"Spectroscopy",在下拉菜单中选择"IR Spectroscopy",单击下方的"Limit to"按钮,二次检索后有11条记录符合要求(图7-9)。以第一条记录为例展开"Hit Data",单击"Full Text"进入全文链接,即可在文献中找到相应的光谱数据(图7-10、图7-11)。

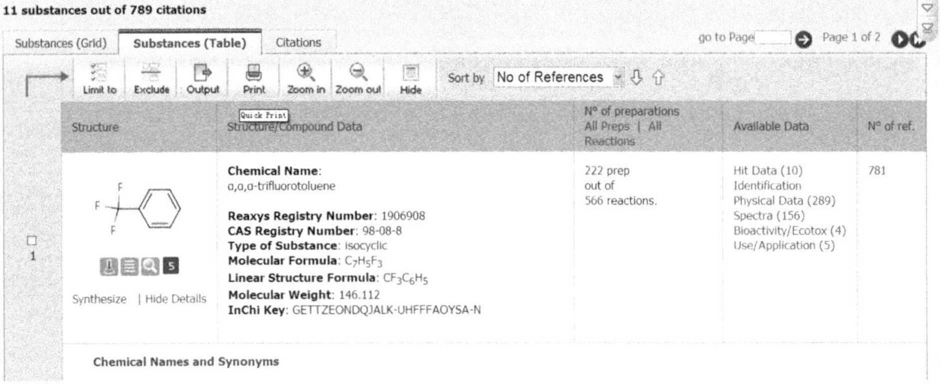

图7-9 对检索结果进行二次检索

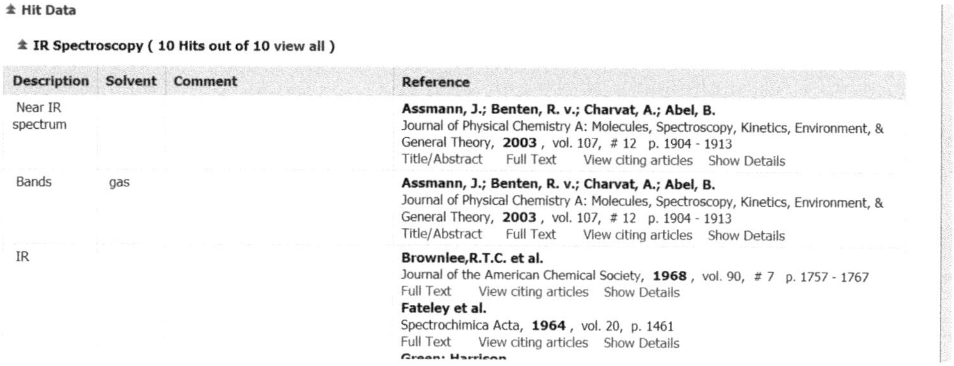

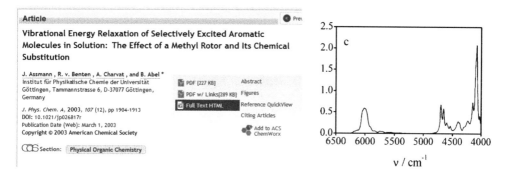

图 7-10　检索得到的与三氟甲基苯红外光谱相关的文献

图 7-11　检索所得的三氟甲基苯红外光谱

实例 3　硝磺草酮合成路线设计

在这里我们以一种常见的商品化的除草剂硝磺草酮为例介绍 Reaxys 中的合成路线设计的具体使用方法。与前面的例子一样，需要先在结构检索框中输入需要检索的结构，可以手动构建也可以通过化合物的名称快速得到。在检索结果中点击化合物结构式下方的"Synthesize"，下拉菜单中有"Manually""by Autoplan""by Autoplan（with options）"三个选项分别为手动构建合成路线、自动构建合成路线、设定条件的自动构建合成路线，如图 7-12 所示，这里我们选择"by Autoplan"。

同样，点击合成路线中相应化合物下面的"Synthesize"可以对合成路线的上游路线进行展开，"Synthesize"后面括号中的数字表示的是 Reaxys 数据库中提供的合成路线的数量（文献中报道）。我们可以根据各路线的原料、溶剂、催化剂、产率等的不同来选择合适的路线，反应路线的下方的列表中也列出了每步

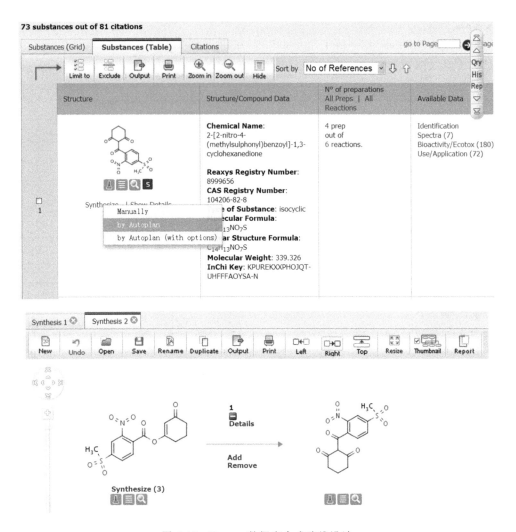

图 7-12 Reaxys 数据库合成路线设计

反应的溶剂、催化剂、产率等，对设计的合成路线也可以根据需要选择保存、输出。

实例 4　Suzuki 偶合反应制备取代联苯文献检索

Reaxys 的文献检索功能同样强大，提供了"Search for""Document Type" "Authors""Journal Title""DOI""Common Patent Number""Publication Year""Title""Abstract""Keywords"等多种检索关键词。在标准检索界面下点击"Literature"，在弹出的界面上选择"Search for"，单击"OK"，如图 7-13 所示。

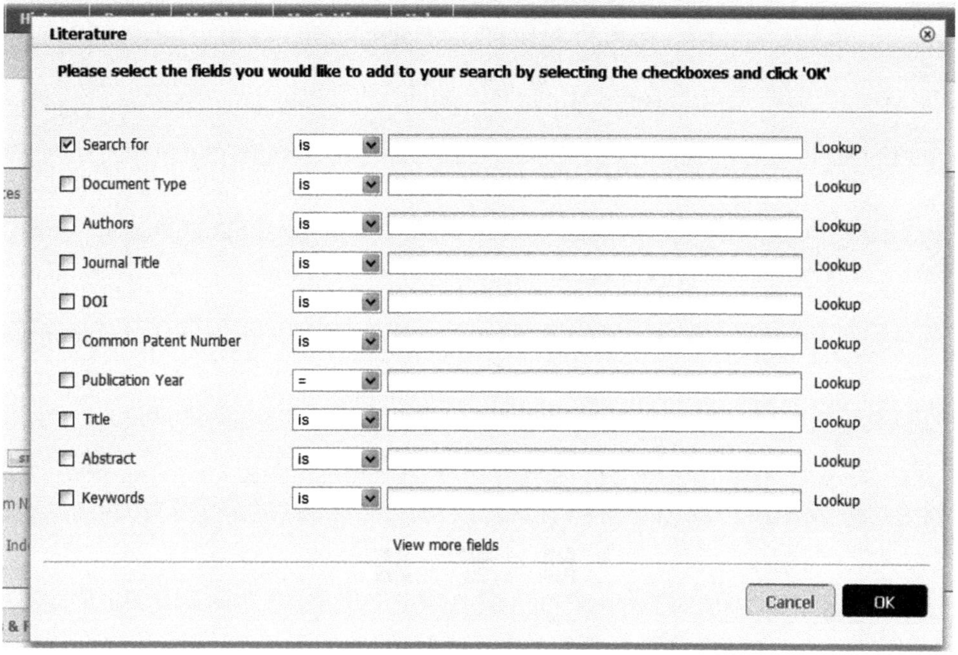

图 7-13　Reaxys 数据库文献检索界面（一）

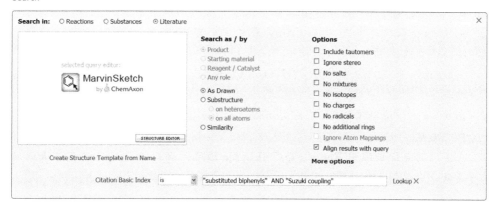

图 7-14　Reaxys 数据库文献检索界面（二）

在检索界面的"Citation Basic Index"输入框输入"'substituted biphenyls' AND 'Suzuki coupling'",单击"Search"进行检索（图 7-14）。在检索结果中还可以进行二次检索,检索关键词也非常丰富,如图 7-15 中检索结果的右侧边栏"Filter by"所示。

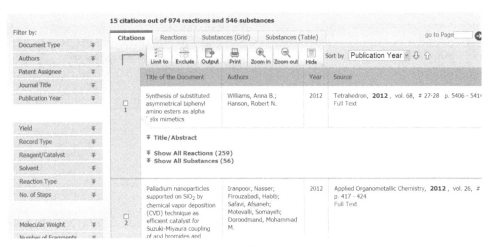

图 7-15 Reaxys 数据库的文献检索

思 考 题

1. Reaxys 是由哪些数据库合并组成的，有何特点？
2. 相对于 SciFinder 数据库，Reaxys 数据库在使用范围和检索特点上有何区别？
3. 在 Reaxys 数据库中检索使用双二甲苯制备双苯二甲酸，并用钴作催化剂的反应。
4. 在 Reaxys 数据库中查找含有三氟甲基苯并含氮的蟑螂杀虫剂。
5. 在 Reaxys 数据库中查找 Aspirin 的合成方法有哪些？
6. 请描述如何使用 Reaxys 查找一个化合物是已知化合物还是未知化合物。
7. 在 Reaxys 中查找分子式为 $C_8H_4O_3$，CAS 登记号为 85-44-9 的化合物的制备方法。
8. 在 Reaxys 中查找青蒿素（CAS：63968-64-9）2010 年以后有关其生物降解的相关文献。
9. 在实际的查询过程中 Reaxys 与 SciFinder 通常结合起来使用，结合二者的特点请分别使用 Reaxys 与 SciFinder 查找邻氨基苯甲酸的制备方法。

第八章 专　　利

一、概述

专利是一种保护技术发明私有的法律，这种保护技术发明私有的法律被称为专利法。凡个人或团体有所发明创造都可以向国家申请发明创造的专利。

1474 年威尼斯颁布了第一部专利法；1624 年英国建立了专利制度；1790 年美国颁布了专利法；1791 年法国颁布了专利法；1877 年德国颁布了专利法。

第二次世界大战后很多国家重新修订了专利法，时间分别为日本 1970 年、印度 1970 年、英国 1977 年、法国 1968 年、德国 1967 年、荷兰 1963 年。

日本专利均采用先公开，后审查批准的方法，因此我们首先看到的日本专利均为公开专利（公开特许），德国专利也是先公开。而美国专利是在审查后批准发布的，因此最先看到的是批准专利的说明书。美国专利局也想实现先公开的专利审查制度并进行过先公开的试验，但未获通过。因此，美国是现在世界上为数很少的继续实行传统的专利审查制度的国家。20 世纪 80 年代初期，约有 150 个国家和地区建立了专利制度。

1. 专利的性质和保护内容

（1）专利的性质　专利的性质包括以下几点。

① 专有性　即专利权人对其发明享有独占的制造、经销、转让和使用权。

② 地区性　指专利权受保护的范围仅限于一个国家或区域，而不能在全世界范围都受到保护。

③ 时间性　指专利权的保护期限有一定的时间限制，在该项专利到期后，其专利成果就为人类所共享。

（2）专利的保护内容　专利的保护内容主要包括以下几点。

① 发明创造　主要对产品、方法或工艺。

② 实用新型　对产品的形状、构造。

③ 外观设计　主要是对包装。

2. 授予专利的条件与专利的申请办法

（1）授予专利的条件　授予专利的条件主要指以下几点。

① 新颖性　是指在申请日期以前没有同样的发明或实用新型在国内外出版的刊物上发表过，也未被别人公开使用过或以其客观存在方式为公众所了解。

② 创造性　是指与已有的技术相比，该技术有突出的实质性特点和显著的进步。

③ 实用性　即发明能进行产业化，并能产生积极效果。

（2）专利的申请办法　专利的申请办法主要包括以下几点。

① 专利性判断与查新　申请人对自己的发明创造确定其具有足够的申请专利价值后，还要确立是否属于专利法所指的创造。并应对文献进行查新检索，前人是否有过类似的发明，自己的技术发明在这一领域是否具有其先进性与新颖性。

② 市场与经济效益的判断　由于申请专利需缴纳一定的申请费、维持费，因此应考虑技术是否有商业价值，市场和社会需求如何。对于市场前景不佳的发明创造或不可能产生好的经济效益的一般不要申请。

③ 申请国的选择　专利在一国申请，只能在这个申请国有效，而对另一个国家的个人活动没有任何直接的法律约束。一项发明创造要想得到其他国家的保护，就必须向该国提出申请，是否向那一国申请，其重要因素在于该技术或产品在那一国家是否有潜在的市场和强的竞争力。

④ 专利申请文件的撰写　申请人必须先从网上下载申请专利的请求书，填写请求书后，再将所要交的申请文件（包括说明书摘要、摘要附图、专利要求书、说明书、说明书附图）一并交当地专利机构。

3. 专利说明书

（1）扉页　扉页主要包括题目、专利号、发明者、申请日期、批准日期、国际专利分类号、美国专利分类号、核查范围及有关文献等。

（2）正文　正文主要包括发明领域和发明内容；背景资料，即所属技术领域里已经公开的知识，以有助于所属技术领域的有关人员查找、理解以及便于审查员审查，特别要引述反映现有技术的专利文献，申请人对背景技术要以公正的评述；发明的目的和特点、发明的特殊功能和应用效果，实施最佳方案的实例，必要时须附图。

（3）专利权项

① 独立权利要求　独立权利要求通常包括两部分，前序部分和特征部分。前序部分写明发明或实用新型要求保护的主题名称和发明或实用新型主题与现有技术所共有的必要技术特征。后一部分为特征部分，记载发明或实用新型区别于现有技术的技术特征。这些特征与前序部分的特征合在一起，构成发明或实用新型的整个技术方案，并限定了范围。

② 从属权利要求　从属权利要求也包括两部分，即引用部分和限定部分。引用部分写明引用的权利要求的编号及其主题名称，通常先写编号，再重述所引用的权利要求保护主题。限定部分紧接在引用部分之后，对引用的权利要求记载的技术特征作进一步限定。

4. 专利的审批制度

目前各国专利法大体规定有3种不同的办法。

① 登记制　专利局对专利申请案只进行形式审查，形式审查主要包括申请文件是否齐全（如请求书、发明或实用新型说明书及其附图、权利要求书、说明书摘要、外观设计专利申请的图片和照片），是否符合规定的格式；申请人是否有申请专利的资格，是否交纳了申请费；专利申请是否不属于明显的授权专利的领域；申请专利的发明创造是否需要保密。如果手续、文件齐备即给予登记，授予专利权，而不进行实质审查。

② 实质审查制　即不仅进行形式审查，还要审查发明的新颖性、先进性和实用性的技术性审查。实质性审查还包括是否属于专利的保护范围，公开是否充分，申请文件的修改是否超出原说明书和要求记载的范围。实质审查能够保证专利的质量，但需要的过程较长。

③ 延期审查制　对形式审查合格的申请案，自提出申请之日起满一定期限（如18个月）即予以公布；在公布后一定年限内经申请人要求专利局进行实质审查，逾期如果未要求实质审查，则视为撤回申请。采用延期审查制可减轻审查工作的负担。

专利权有一定的有效期，有效期满则专利权失效。

二、美国专利

1790年美国颁布第一部专利法，1836年成立美国专利局，1952年颁布现行专利法。美国专利是世界上拥有专利最多的国家，目前已有六百多万件。美国专利法从专利审查到专利文献的分类具有其独特性。

美国专利商标局（http：//www.uspto.gov/）免费提供1976年以来最近一周发布的美国专利库，该库由全文库专利、全文扫描图像组成。可通过关键词、专利号、发明人、发明单位、发明国家、发明时间等检索。不过要下载相应的TIFF插接件。有三种检索方式：布尔检索，高级检索，专利号检索。IBM公司的美国专利全文检索（http：//www.patent.ibm.com/）目前只提供美国专利摘要库的免费检索，还有美国网上专利服务（http：//www.micropat.com/）、美国文献中心（http：//www.doccenter.com/doccenter）及美国国家标准及技术研究所均可提供有关美国专利的检索查询。

1. 美国专利的特点及分类

（1）美国专利的特点

① 先发明原则　即遇到同样发明内容的专利申请时，谁先发明谁就获得专利权，只要证明该项发明在他人之先，尽管申请在后也能获得专利权。

先发明原则的优点在于能保护真正的发明人，可使发明人较安心地长期进行研究。缺点是易使发明人保守秘密，个人垄断。

② 完全审查制　凡是向专利局提交的申请，全部进行形式审查和实质性审查，审查结束，如果认为可以准许受理，应在六个月之内缴纳专利费，三个月后作为专利可以登记，然后在专利公报上予以公报，并出版专利说明书。实行这种制度可以保证批准确性的专利质量高。

(2) 美国专利的分类

① 发明专利（Invention Patent）　发明专利是美国专利的主体，它无发明与实用新型之分，占总数 95%。

② 再公告专利（Reissud Patent）　即是申请人发现已公告的专利存在缺点或错误，如由于说明书或附图有问题，或由于专利权人在专利证书中提出的专利权项多于或少于其应得的权利，致使专利证书全部或部分不能实施或无效时，而此种错误并非有意欺骗，可以申请修改或提出新的专利说明书再行公告，这种专利称为再公告专利（编号前冠有"Re"字样）。

③ 植物专利（Plant Patent）　指任何人发明或发现以及利用无性繁殖培育出独特而新的植物品种。

④ 外观设计（Design Patent）。

⑤ 防卫性公告（Defensive Publication）　这是对于一些次要的发明或由于其他原因，发明人认为不值得或认为没有必要申请正式专利，但为了防止其他人对同样的发明进行申请，于是通过专利局把自己的发明公布在专利公报上，使别人申请专利时就失去新颖性（防卫性公告的编号前冠有"T"）。

⑥ 再审查证书（Reexamination Certificate）　美国专利法在 1980 年修订专利时增加了再审查程序，类似于异议程序，其目的是向公众提供对已批准确性的专利提出意见的机会，以提高审批质量。任何人可以书面的形式请求对该专利进行再审查（再审查的专利原专利编者按号前以 B_1 表示）。

2. 美国专利说明书及著录说明

(1) 专利说明书　美国专利说明书是美国专利文献的主体，由专利局每周公布一次，每件专利都按顺序编号，专利说明书的长短不一，但格式一定，大致可分为以下几点。

① 标头　包括题目、专利号、发明者、申请日期、批准日期、国际专利分类号、美国专利分类号、核查范围及有关文献等。

② 正文　包括发明领域和发明内容、背景资料、发明的目的和特点、发明的特殊功能和应用效果，必要时须附图。

③ 申请权限　说明申请范围。

专利说明书实例如下所示。

①[19] United State Patent　　②[11] Patent Number：4389325

③[45] Date of Patent：Jun. 21, 1983

④[54] CHLOROISOCYANURATE　　COMPOSITION

⑤[75] Inventors：Clifford D Eng. University City, James W Gambell, henry K Yuen. both of St, Louis, all of Mo.

⑥[73] Assignee：Monsanto Company, S t . Louis Mo.

⑦[21] Appl. No：342039

⑧[22] Filed　　Jan　25，1982

⑨[51] Int. Cl …………C11D7/54；

⑩[52] U. S. Cl…………252/186.35；252/95

⑪[58] Field of search……252/186

⑫[56] References　Cited

　　U. S. Patent　Documents

　　3041293　6/1962　Polacek　　524/144

　　3046236　7/1962　Jahn　　　524/130

　　3287309　11/1966　Basdek　　524/144

⑬Primary Examiner- John kight . Ⅲ

⑭Attorney, Agent, or Firm-jon H. Beusen; James C. Logomasini; Arnold H. Cole

⑮[57] Abstract

The concentration of chlorine-containing compounds in a gaseous mixture in contact with a solid chloroiso-cyanurate can be safely lowered by use of a porous crystaline alumino-silicate having an essentially……

⑯16claims, ⑰No Drawings

⑱CHLOROISOCYANURATE　　　COMPOSITION

（2）著录说明

①美国专利局名称，②利号，③批准日期，④题目，⑤发明人及地址，⑥受让人或专利权所有者，⑦申请号，⑧申请日期，⑨国际专利分类号，⑩美国专利分类号，⑪核查范围，⑫文献引证，⑬主要审查人，⑭代理人或商号，⑮内容摘要，⑯专利权限项数，⑰附图，⑱正文。

3. 美国专利商标网站

（1）美国专利商标网站的主要数据库　美国专利商标网站（网址：http：//patents. uspto. gov）是美国专利方面的政府性官方网站，该网站向公众提供全方位的专利信息服务。美国专利商标局网站提供的专利数据库包括以下六个。

① 授权专利数据库　该数据库提供了 1790 年以来美国授权的所有专利文献，包括发明、外观设计、植物、再审查、再公告及防卫性公告、依法注册的发明等。

② 公开专利申请数据库　该数据库自 2001 年 3 月 15 日开始提供服务，数据库中的内容包括美国专利申请的题录、文摘、公开的美国专利申请说明书的全文。

③ 专利公报检索数据库　它包括防卫性公告（Defensive Publication），批准的专利技术（Patent Granted），再公告专利技术（Reissue Patent Granted），植物专利（Plant Patent Granted），外观设计（Design Patent Granted）。这五种

专利说明书的各项大致相同，主要包括题目、专利号、发明者、申请日期、批准日期、受让人及地址、国际专利分类号、国内专利分类号、优先国别、申请专利权限项、核查范围、内容摘要及有关文献等。

④ 专利分类检索 分类检索可检索最新版本的美国专利分类表中的相关主题的分类号，并直接浏览该类号下所属专利文献全文。美国专利分类中共有370个大类（1981年版），编号从2～585中间有空号，每大类下分若干小类，如21 Inhibiting corrosion，23 Inorganic Chemistry，86 Photo. Chem，106 Coating and Plast，162 Paper and Textile，201 Dist. Equip.，204 Electro-chem. And radio-chem.，260 Organic chem。每一大类下有细分类，细分类以大类为单元，大类之间以类号从小到大排列。

⑤ 法律状态检索 专利法律状态检索是指对一项专利或专利申请当前所处的状态进行的检索，其目的是了解专利申请是否授权，专利是否提前失效、专利权人是否变更，专利保护期是否延长、延长的具体时间、确定专利的最终失效日期以及与专利法律状态相关的信息，这些信息还包括专利是否有继续申请、部分继续申请、分案申请等相关联的情报。

⑥ 拆回专利检索 收录至最新公布日拆回的所有专利的目录。

现就授权专利及公开专利申请的数据库中较常用而简单的三种检索方法予以说明。

(2) 授权专利检索语句及格式规定

① 布尔算符（Boolean Operator） 为表达检索词之间的逻辑关系，美国专利商标局网站规定采用三种布尔算符，即与、或、非三种算符，它们分别用英文and、or、andnot表示。如：A and B表示选择同时含A、B的记录，放在一个组内；在选择命令中，A or B表示把含A、含B和同时含A、B的记录都选择在一个组内；A and not B表示从含A的记录中除去同时含A、B的记录，把留下的记录放在一个组内。

② 截断符（Right Truncation） $ 右截断检索选定某输入框时，$前至少有3个字符，选取All Fields时，$前至少有4个字符。词组检索中"waterborne polyurethane"引号中不能用$。

③ Patent Number字段中输入检索项时，除实用专利直接输入号码外，其他类型专利号码前需加类型代码。外观设计的代码为"D"；植物专利为"PP"；再版专利为"RE"；防卫报为"T"；依法注册发明为"H"。如：实用专利可直接输入授权公开专利号码7592,387；植物专利PP9,802；外观设计专利代码D221,698。

④ 在输入日期型字段中，日期格式可有三种写法，以查找2008年3月1日公布的授权专利为例：年（4位数字），月（2位数字），日（2位数字），应输入

为 20080301；月-日-年，应输入 March-1-2008，3-1-2008；月/日/年，则输入 3/1/2008。

如要求检索 2008 年 3 月公开的某课题的授权专利，输入日期则要用＄，3/＄/2008。

检索一定日期范围内的专利文献，而不是检索特定日期或特定月份的专利文献，这种特性只适用日期字段，其范围检索需在两个日期之间使用->运算符。如：检索 2008 年 3 月 1 日以后与 2009 年 9 月 1 日之前的专利则输入：20080301->20090901 即可。

⑤ 个人姓名输入格式为姓-名-中间名字，如专利权人的姓名为 Dunham C M.，那么，在专利权人的文本框中输入 Dunham-C＄-M＄，也可写成 Dunham-C＄。

⑥ 一组单词用引号括起来，将视为一个检索单词。例：检索 Phosphonic Acid 一组词而不是检索 Phosphonic or Acid，需在 Term 文框中输入 Phosphonic Acid。

⑦ 授权专利数据库的检索字段及其代码详见表 8-1。

表 8-1 授权专利数据库的检索字段及其代码

字段代码	字段名	字段代码	字段名
TTL	Title(专利名称)	IN	Inventor Name(发明人姓名)
ABST	Abstract(文摘)	IS	Inventor State(发明人所在州)
ISD	Issue Date(公布日期)	IC	Inventor Country(发明人所在城市)
PN	Patent Number(专利号)	GOVT	Government Interest(政府利益)
APN	Application Serial Number(申请号)	PARN	Parent Case Information
AN	Assignee Name(专利权人姓名)	PCT	PCT Information
AC	Assignee City(专利权人国籍)	RLAP	Related U. S App. Data(相关 US 申请数据)
ICL	International Classification(国际分类)	FREF	Foreign Reference(外国参考文献)
EXP	Primary Examiner(主要审查员)	OREF	Other References(其他参考文献)
EXA	Assistant Examiner(助理审查员)	LREP	Attorney or Agent(律师代理人)
SPEC	Description/Specification(说明书)	ACLM	Claim(s)(权利要求)
APT	Application Type(申请类型)		

（3）授权专利检索方法　授权专利检索文献通常包括：实用专利即发明专利说明书（Patent Grant）、设计专利（Design）、植物专利（Plant）、再公告专利（Reissue）、再审查证书（Reexamination Certificate）、防卫性公告（Defensive）和依法注册的发明（Statutory Invention Registration）。

通过 http：//www. uspto. gov/进入美国专利商标局网站（图 8-1），然后点击 Search，进入美国专利数据库检索主界面（图 8-2）。

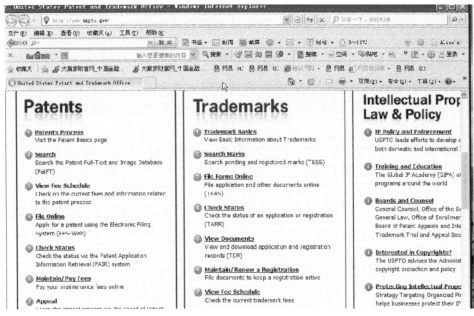

图 8-1 美国专利商标局网站主页

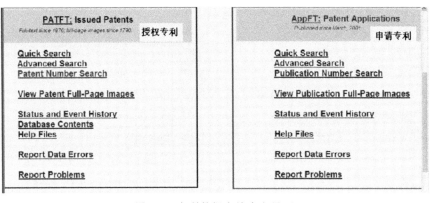

图 8-2 专利数据库检索主界面

图 8-2 为授权专利数据库（PATET）与专利申请数据库（AppFT），授权的专利文献检索中，1790 年到 1975 年的数据只有全文图像页（Full-Image），检索数据只有专利号和 US 分类号；1976 年 1 月 1 日后除了全文图像页外，还涵盖可检索的授权的专利题录、文摘、专利说明书中的背景资料、发明特点、权利要求等。专利申请库的内容包括可检索的 US 专利申请的题录、文摘、专利申请说明书的全部内容。

① 快速检索（Quick Search） 选择图 8-2 中的 Quick Search，进入图 8-3 所

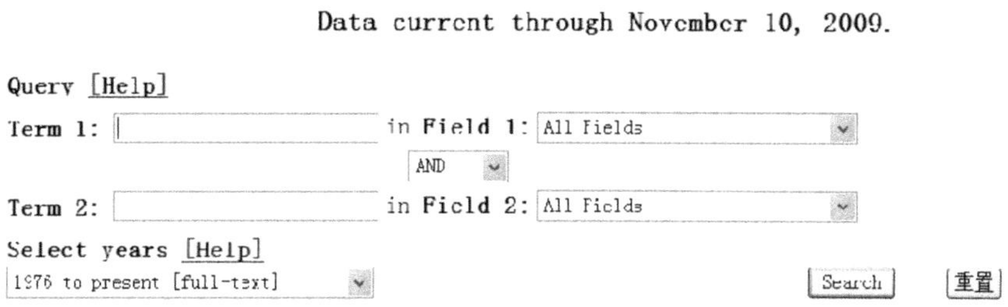

图 8-3 快速检索主界面

示的结果。

在图 8-3 界面上,共提供了两个检索式,每一个检索式中包括 1 个关键词对话框（Term1 & Term2）；一个逻辑关系选择菜单（and、andnot、or）；一个年代范围选择供进行匹配；1 个检索字段的下拉菜单；检索字段的下拉菜单中包括 32 个选择,即附表中给出的 31 个检索字段+所有字段（All fields）。如要查找水性聚氨酯的制备的有关专利,在 Term1 对话框内输入 waterborne polyurethane,在 Term2 中输入 preparation,在关键词的下拉菜单中选择 All Fields 字段,逻辑关系中选择 AND,确定年代范围（见图 8-4）。

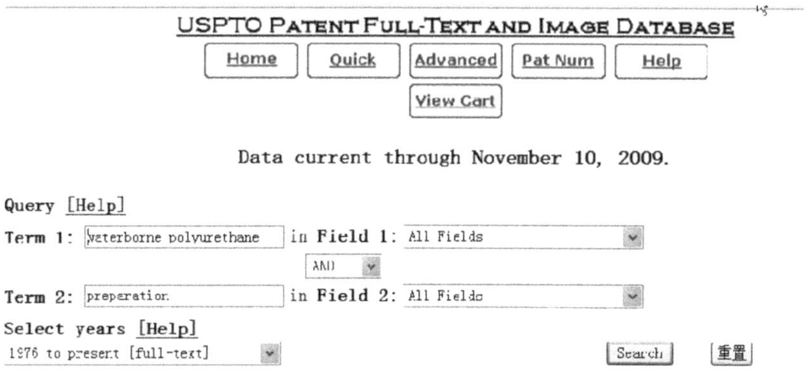

图 8-4 检索水性聚氨酯的相关专利

点击图 8-4 中的 Search,即可进入图 8-5 的界面。

逐一查找出自己所需专利,并点击该专利题目,即可找到包含有专利说明书全文。如选择专利号为 7592387,题目为 Cley-polyurethane nano…,点击后出现下列界面（见图 8-6）。

图 8-6 中除显示出专利号 7592387 的题目、文摘、发明人外,还有与专利相关的文献资料、发明权限、专利描述及专利说明书的所有内容。

② 高级检索　选择图 8-2 中的 Advanced Search（见图 8-7）。

图 8-7 中的高级检索界面主要包括一个检索表达式的输入框（Query）和一

```
Searching US Patent Collection...
Results of Search in US Patent Collection db for:
"waterborne polyurethane" AND preparation: 100 patents.
Hits 1 through 50 out of 100
```

[Next 50 Hits]

[Jump To] [   ]

[Refine Search] ["waterborne polyurethane" AND preparation]

```
PAT. NO.    Title
1  7,592,387 T Clay-polyurethane nanocomposite and method for preparing the same
2  7,592,698 T Water dispersions of non-uniform polyurethane particles
3  7,587,236 T Hydroxyl-terminated thiocarbonate containing compounds, polymers, and copolymers,
```

图 8-5　检索出的水性聚氨酯的相关专利文献

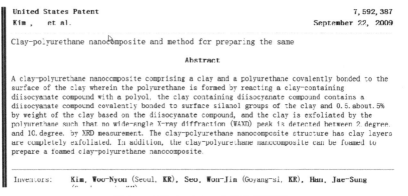

```
United States Patent                              7,592,387
Kim, et al.                             September 22, 2009

Clay-polyurethane nanocomposite and method for preparing the same

                         Abstract

A clay-polyurethane nanocomposite comprising a clay and a polyurethane covalently bonded to the
surface of the clay wherein the polyurethane is formed by reacting a clay-containing
diisocyanate compound with a polyol, the clay containing diisocyanate compound contains a
diisocyanate compound covalently bonded to surface silanol groups of the clay and 0.5. about. 5%
by weight of the clay based on the diisocyanate compound, and the clay is exfoliated by the
polyurethane such that no wide-angle X-ray diffraction (WAXD) peak is detected between 2. degree.
and 10. degree. by XRD measurement. The clay-polyurethane nanocomposite structure has clay layers
are completely exfoliated. In addition, the clay-polyurethane nanocomposite can be foamed to
prepare a foamed clay-polyurethane nanocomposite.

Inventors:  Kim, Woo-Nyon (Seoul, KR), Seo, Won-Jin (Goyang-si, KR), Han, Jae-Sung
```

图 8-6　US 7592387 专利文献摘要

USPTO PATENT FULL-TEXT AND IMAGE DATABASE

[Home] [Quick] [Advanced] [Pat Num] [Help]
[View Cart]

Data current through November 10, 2009.

Query [Help]
[   ]

Examples:
ttl/(tennis and (racquet or racket))
isd/1/8/2002 and motorcycle
in/newmar-julie

Select Years [Help]
[1976 to present [full-text] ▼]   [Search] [重置]

Patents from 1790 through 1975 are searchable only by Issue Date, Patent Number, and Current Classification.
When searching for specific numbers in the Patent Number field, patent numbers must be sev

图 8-7　选择高级检索后的输入框界面

个年代选择的菜单（Select Years），下面紧接着还有检索字段及代码列表（见图 8-8）。

Field Code	Field Name	Field Code	Field Name
PN	Patent Number	IN	Inventor Name
ISD	Issue Date	IC	Inventor City
TTL	Title	IS	Inventor State
ABST	Abstract	ICN	Inventor Country
ACLM	Claim(s)	LREP	Attorney or Agent
SPEC	Description/Specification	AN	Assignee Name
CCL	Current US Classification	AC	Assignee City
ICL	International Classification	AS	Assignee State
APN	Application Serial Number	ACN	Assignee Country
AFD	Application Date	EXP	Primary Examiner
PARN	Parent Case Information	EXA	Assistant Examiner
RLAP	Related US App. Data	REF	Referenced By
REIS	Reissue Data	FREF	Foreign References

图 8-8 选择高级检索后出现的检索字段与代码界面

针对检索要求可以应用逻辑算符对检索式进行匹配，如：abst/polyurethane and isd/200909 $ and preparation，$ 为截断符，这里表示检索 2009 年 9 月公开的关于 polyurethane preparation 的专利（见图 8-9）。

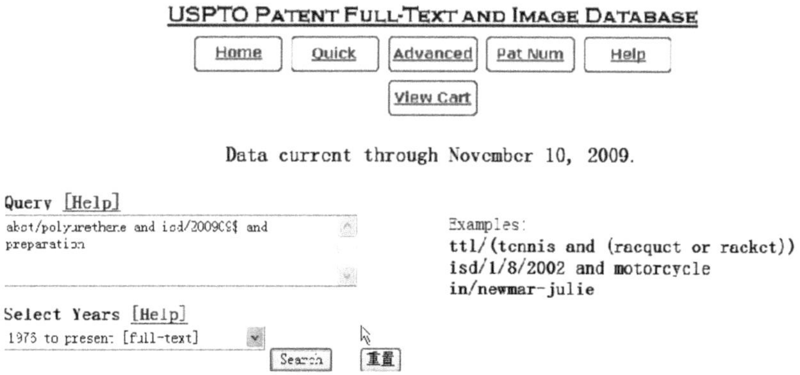

图 8-9 检索 2009 年 9 月公开的关于 polyurethane preparation 的专利

点击图 8-9 中的 Search，出现下列界面（见图 8-10）。

图 8-10 中说明涉及 2009 年 9 月已公示的聚氨酯制备方面的专利。

③ 通过 Patent Number 检索 点击专利号检索，进入专利号检索界面（见图 8-11），在输入框中输入专利号（见图 8-12）。

```
Searching US Patent Collection...
Results of Search in US Patent Collection db for:
((ABST/polyurethane AND ISD/200909$) AND preparation): 7 patents.
Hits 1 through 7 out of 7
```

[Jump To] [   ]

[Refine Search] abst/polyurethane and isd/200909 and preparation

```
PAT. NO.    Title
1 7,594,718 T UV curable coating composition
2 7,592,387 T Clay-polyurethane nanocomposite and method for preparing the same
3 7,589,148 T Preparation of a polyurethane dispersion with blocked isocyanate groups
4 7,588,707 T Multilayered articles having biocompatibility and biostability characteristics
5 7,585,795 T Sheet and interior material
```

图 8-10　2009 年 9 月公开的关于 polyurethane preparation 的专利文献

Data current through November 10, 2009.

Enter the patent numbers you are searching for in the box below.

Query [Help]

[   ]   [Search] [Reset]

All patent numbers must be seven characters in length, excluding commas, which are optional. Examples:

```
         Utility -- 5,146,634 6923014 0000001
         Design -- D339,456 D321987 D000152
         Plant     PP08,901 PP07514 PP00003
         Reissue -- RE35,312 RE12345 RE00007
Defensive Publication -- T109,201 T855019 T100001
Statutory Invention Registration -- H001,523 H001234 H000001
```

图 8-11　专利号检索输入框

Enter the patent numbers you are searching for in the box below.

Query [Help]

图 8-12　检索 US7585795 专利

通过专利号输入后搜索，得到下面的专利文献（见图 8-13）。

在图 8-11 的检索方框中，也可输入数个专利号，输入数个专利号时，各个专利号之间应该用空格或者逻辑运算符"or"隔开，如"7589148 or 7592387"（见图 8-14）。

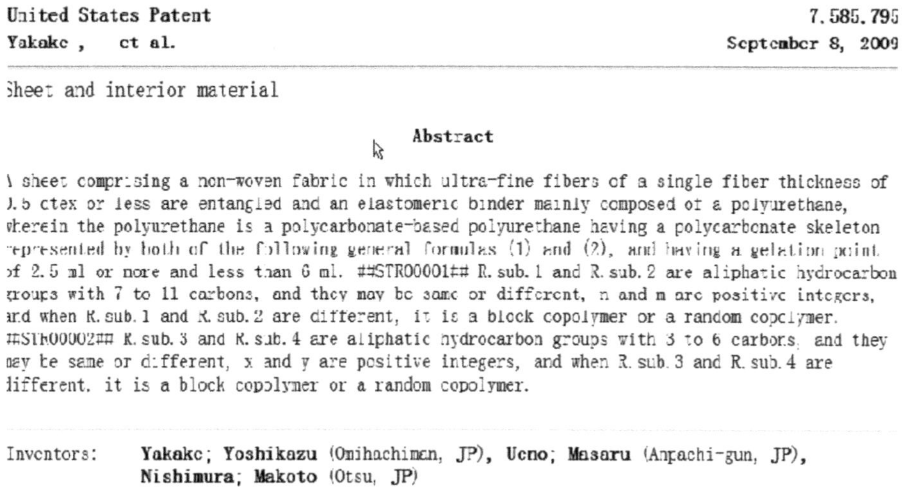

United States Patent 7,585,795
Yakake, et al. September 8, 2009

Sheet and interior material

Abstract

A sheet comprising a non-woven fabric in which ultra-fine fibers of a single fiber thickness of 0.5 dtex or less are entangled and an elastomeric binder mainly composed of a polyurethane, wherein the polyurethane is a polycarbonate-based polyurethane having a polycarbonate skeleton represented by both of the following general formulas (1) and (2), and having a gelation point of 2.5 ml or more and less than 6 ml. ##STR00001## R_1 and R_2 are aliphatic hydrocarbon groups with 7 to 11 carbons, and they may be same or different, n and m are positive integers, and when R_1 and R_2 are different, it is a block copolymer or a random copolymer. ##STR00002## R_3 and R_4 are aliphatic hydrocarbon groups with 3 to 6 carbons, and they may be same or different, x and y are positive integers, and when R_3 and R_4 are different, it is a block copolymer or a random copolymer.

Inventors: Yakake; Yoshikazu (Omihachiman, JP), Ueno; Masaru (Anpachi-gun, JP), Nishimura; Makoto (Otsu, JP)

图 8-13 检索出的 US7585795 专利文献

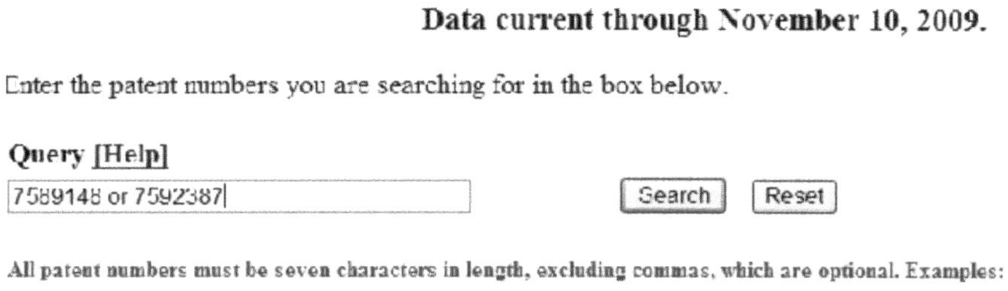

Data current through November 10, 2009.

Enter the patent numbers you are searching for in the box below.

Query [Help]
[7589148 or 7592387]   [Search] [Reset]

All patent numbers must be seven characters in length, excluding commas, which are optional. Examples:

图 8-14 多个专利号的输入

在图 8-14 中点击 Search，则找到该专利号相应的文献（见图 8-15）。

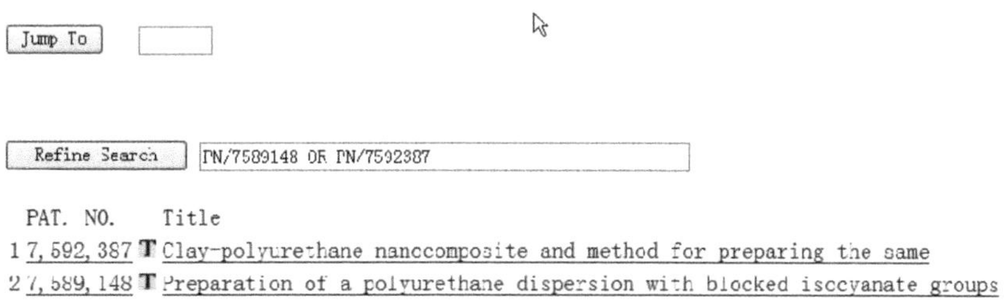

[Jump To] [   ]

[Refine Search] [PN/7589148 OR PN/7592387]
PAT. NO.   Title
1 7,592,387 T Clay-polyurethane nanocomposite and method for preparing the same
2 7,589,148 T Preparation of a polyurethane dispersion with blocked isocyanate groups

图 8-15 输入多个专利后检索出的相关专利文献

三、欧洲专利

欧洲专利局（European Patent Office，EPO）是由澳大利亚、英国、芬兰、

法国、德国、比利时、丹麦、瑞士、西班牙等 14 个缔约国组成。至 1995 年已有 17 个缔约国。申请文件可使用英、德、法三种语言。授予专利的条件必须具有新颖性、创造性、工业实用性。

欧洲专利局在线专利 4500 万件,从 1998 年开始,欧洲专利局的 esp@cenet 开始向 Internet 用户提供免费的专利服务,esp@cenet 可以免费访问全球 70 多个国家,近 4500 份专利,其服务内容包括:检索最近两年内由欧洲专局及其成员国出版的专利;世界知识产权组织 WIPO 出版的 PCT 专利的著录信息及扫描图像;1920 年以来欧洲专利局收集的世界各国专利信息以及 1970 年以来收集的专利的英文标题与摘要。

1. 欧洲专利说明书

(1) 说明书

[11] Publication number 0413437A1

[12] European Patent Application

[21] Application Number 9030783

[22] Date of filing 18,07,1990

[51] Int. Cl (07) 251/36

[30] Priority 18,07,1989JP 185754/89

[43] Date of Publication of Application 20,02,1991 Bulletin 91/08

[34] Designated contracting States E S FR GB

[71] Applicant:NISSAN CHEMICAL INDUSTRIES LTD3-7-1, Knada Nishiki-chochiyoda-Ku Tokyo

[72] Inventor:Murakami Takaski, C/O Nissan Chemical Ind. Ltd 3-7-1 Knada Nishiki-chochiyoda-Ku Tokyo(7P)

[74] Representative:Lamb, John Bacxter et al MARKS CLERK 57/60 Lincolns Inn Fields London WC-ZA 3Ls(GB)

[54] Process for producing trichloroisocyanuric acid

[57] A process for producing trichloroisocyanuric acid by supplying unreacted chlorine from a second

(2) 著录说明

[11] 欧洲专利号,[12] 文献类别,[21] 专利申请号,[22] 申请日期,[30] 优先国别,[34] 标志代理国别,[43] 公布申请日,[51] 国际专利分类号,[54] 专利标题,[57] 专利内容,[71] 申请人姓名,[72] 发明人所在地,[74] 代理人。

2. 欧洲主要国家的专利制度及检索入口

(1) 欧洲专利局专利制度与专利检索入口　欧洲专利的审查制度主要有以下几种。

① 只授予发明专利　欧洲专利公约的条款规定:对于任何有创造性并且能在工业中应用的新发明,授予欧洲专利。

② 审查方式为审查制　审查制是专利局对专利进行严格的检索和实质审查,最后决定是否授予专利权。

③ 先申请原则　欧洲专利局采用的是与世界通行的做法相同,先申请原则,根据提出申请的时间先后确定专利权人。

④ 指定缔约国　欧洲专利局是一个政府间组织，因此欧洲专利局授予的专利不能在所有缔约国内生效。只有在申请人指定的缔约国生效。

⑤ 没有宽限期　欧洲专利公约不为申请人提供宽限期，因此，如果专利申请人在申请日之前以任何形式公开了该专利的内容，就会使该专利丧失新颖性。

欧洲专利局各成员国专利的检索入口为 http://de.espacenet.com。

EPO 的检索入口主要是 http://ep.espacenet.com，由此网站可免费查阅美国、英国、欧洲、日本、德国和世界专利说明书，esp@cenet 提供了 4 种检索专利的入口：Search in European (EP) patents；Search in PCT (WO) patents；Search the worldwide patents；Search in Japanese patents。提供 PDF 文件，采用 Acrobat Reader4.0 阅读较为理想。

(2) 英国专利的制度及检索入口　英国于 1617 年建立专利制度，1624 年颁布垄断法，1852 年正式颁布专利法，现行的英国专利法是 1977 年 7 月颁布，1978 年 6 月生效。英国专利的保护对象：发明专利（包括机器、制品、制法、化学物质、食品、药品、饮料、调味品、微生物制品等）；外观设计。

文学艺术、戏剧音乐、数学方法、科学理论、计划、规则、竞赛方案、计算机程序、动植物新品种、外科治疗方法等，不受专利保护。

英国专利局检索入口：http://www.patent.gov.uk，英国专利数据库检索入口：http://gb.espacenet.com。

(3) 德国专利的制度及检索入口　德国专利为发明专利、实用新型与外观设计，德国专利只保护发明，对实用新型及外观设计则另有法规做相应的保护。1968 年，德国采用早期公开延迟审查制，实行授权后的异议与无效请求程序。

德国专利与商标局的检索入口网址：http://depatisnet.dpma.de。

(4) 俄罗斯联邦专利制度与检索入口　1991 年 12 月 15 日，俄罗斯联邦接替前苏联成为保护工业产权巴黎公约成员国和专利合作条约成员国。1992 年 9 月 23 日，俄罗斯联邦颁布了《专利法》。1992 年 9 月成立俄罗斯专利商标委员会，1996 年 9 月更名为俄罗斯专利商标署（ROSPATENT）。俄罗斯专利商标署是俄罗斯联邦权力执行机构，是对俄罗斯境内的发明、实用新型等专利给予登记、保护、批准、协调的职能部门。俄罗斯的专利制度也是采取早期公开延长审查制，完成形式审查的平均期限约 1 个月，发明的实质性审查是 12 个月。其专利入口：http://www.fips.ru/ensite。

3. 欧洲专利检索方法

输入 http://ep.espacenet.com，呈现主页中有下列栏目：

Quick Search：Search with keywords, or for persons or organisations；

Advanced Search：Search using any of the available fields；

Number Search：Search using publication, application, priority or NPL reference number；

Classification Search：Browse or search the Classification System of the European Patent Office（见图 8-16）。

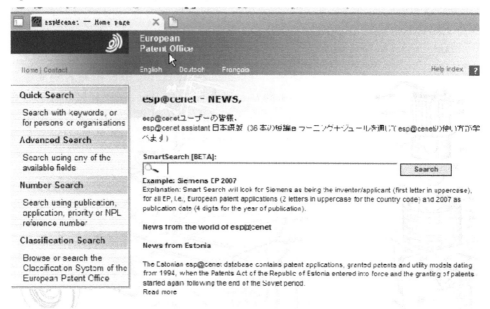

图 8-16 欧洲专利局主页

（1）快速检索（Quick Search） 在 Quick Search 检索中包含下列检索项：Database，选择一个专利数据库（Select patent database）；Type of search，选取检索类型；Search terms（见图 8-17）。

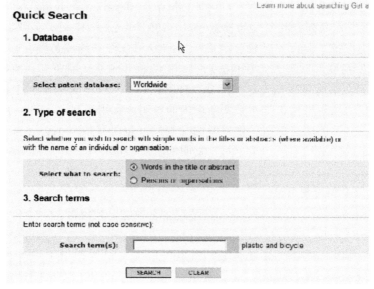

图 8-17 快速检索主界面

如需查找水性涂料的专利，我们可以在 Database 中选择 Ep-esp@cenet；在 Type of search 中选 Words in the title or abstract，在 Search terms 中填入 waterborne coating，点击 SEARCH 出现相关的专利文献，继续搜索找出相应的专利文献说明书（见图 8-18）。

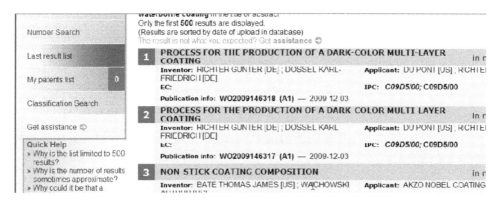

图 8-18　waterborne coating 相关的专利文献

在图 8-18 出现的文献中，找出自己感兴趣的文献，继续搜索（见图 8-19）。

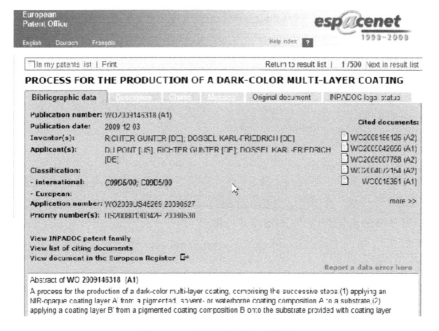

图 8-19　专利文献的各项说明

在图 8-19 中，点击 Original document 并保存文档，则出现下列界面（见图

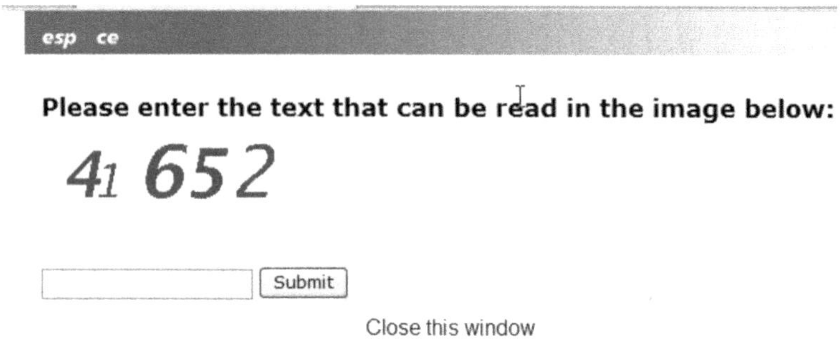

图 8-20 保存专利说明书的过程

8-20）。

在图 8-20 的输入框中输入所给出的 41652，点击 Submit 出现检索的详细说明书（见图 8-21）。

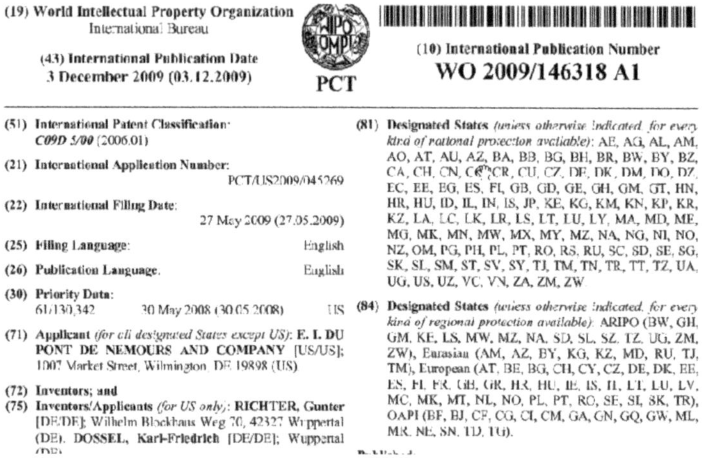

(19) World Intellectual Property Organization
International Bureau

(43) International Publication Date
3 December 2009 (03.12.2009)

PCT

(10) International Publication Number
WO 2009/146318 A1

(51) International Patent Classification:
C09D 5/00 (2006.01)

(21) International Application Number:
PCT/US2009/045269

(22) International Filing Date:
27 May 2009 (27.05.2009)

(25) Filing Language: English

(26) Publication Language: English

(30) Priority Data:
61/130,342 30 May 2008 (30.05.2008) US

(71) Applicant *(for all designated States except US)*: **E. I. DU PONT DE NEMOURS AND COMPANY** [US/US]; 1007 Market Street, Wilmington, DE 19898 (US)

(72) Inventors; and
(75) Inventors/Applicants *(for US only)*: **RICHTER, Gunter** [DE/DE]; Wilhelm Blockhaus Weg 70, 42327 Wuppertal (DE). **DOSSEL, Karl-Friedrich** [DE/DE]; Wuppertal (DE).

(81) Designated States *(unless otherwise indicated, for every kind of national protection available)*: AE, AG, AL, AM, AO, AT, AU, AZ, BA, BB, BG, BH, BR, BW, BY, BZ, CA, CH, CN, CO, CR, CU, CZ, DE, DK, DM, DO, DZ, EC, EE, EG, ES, FI, GB, GD, GE, GH, GM, GT, HN, HR, HU, ID, IL, IN, IS, JP, KE, KG, KM, KN, KP, KR, KZ, LA, LC, LK, LR, LS, LT, LU, LY, MA, MD, ME, MG, MK, MN, MW, MX, MY, MZ, NA, NG, NI, NO, NZ, OM, PG, PH, PL, PT, RO, RS, RU, SC, SD, SE, SG, SK, SL, SM, ST, SV, SY, TJ, TM, TN, TR, TT, TZ, UA, UG, US, UZ, VC, VN, ZA, ZM, ZW.

(84) Designated States *(unless otherwise indicated, for every kind of regional protection available)*: ARIPO (BW, GH, GM, KE, LS, MW, MZ, NA, SD, SL, SZ, TZ, UG, ZM, ZW), Eurasian (AM, AZ, BY, KG, KZ, MD, RU, TJ, TM), European (AT, BE, BG, CH, CY, CZ, DE, DK, EE, ES, FI, FR, GB, GR, HR, HU, IE, IS, IT, LT, LU, LV, MC, MK, MT, NL, NO, PL, PT, RO, SE, SI, SK, TR), OAPI (BF, BJ, CF, CG, CI, CM, GA, GN, GQ, GW, ML, MR, NE, SN, TD, TG).

图 8-21 专利说明书

（2）高级检索（Advanced Search） 高级检索栏中主要有题目或文摘中的关键词、授权专利号、申请号、优先国别与优先号、授权日期、申请日、发明者、欧洲专利分类号与国际专利分类号（见图 8-22）。

在图 8-22 中的 Database 可选择 Ep-esp@cenet，然后在上图各栏目中填写相应内容（见图 8-23）。

如果有些栏目不是很清楚，但至少专利公开号与主题词应填写，点击 SEARCH，则可检索到所要文献（见图 8-24）。

点击图 8-24 中的题目继续搜索可查到原始文献，后续操作如图 8-19 与图 8-20所述。

（3）专利号检索（Number Search） 利用主页中的 Number Search 栏目也

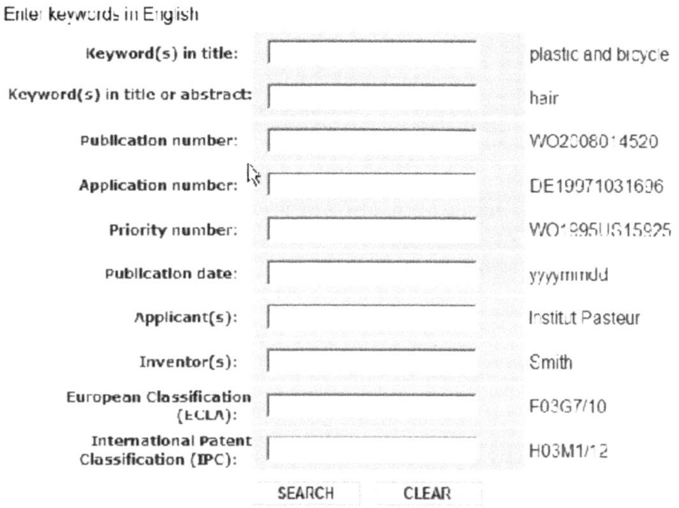

图 8-22 高级检索主界面

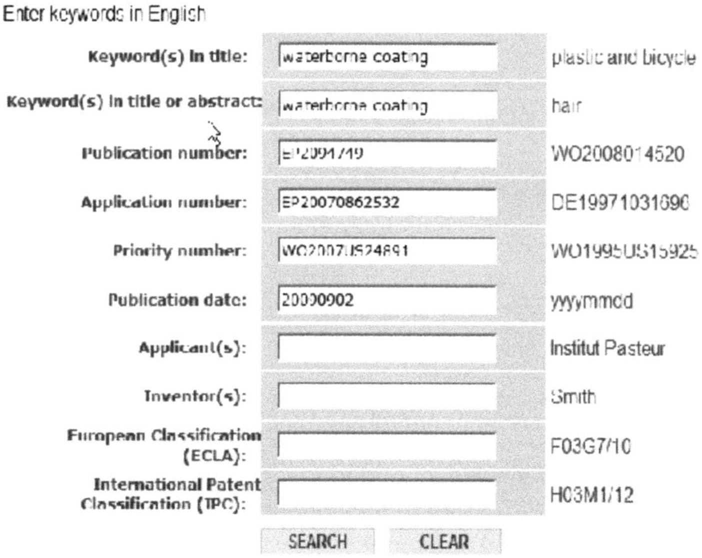

图 8-23 输入框中输入检索项内容

可以检索到专利说明书文献。即打开 Number Search，选择数据库并在 Enter Number 输入框中输入专利国别与专利号（见图 8-25）。

在图 8-25 中继续搜索即可查阅到所需专利题目与文摘（见图 8-26）。

点击题目后出现新的图示，再点击 Original document，继续按提示填写，并下载到原文。

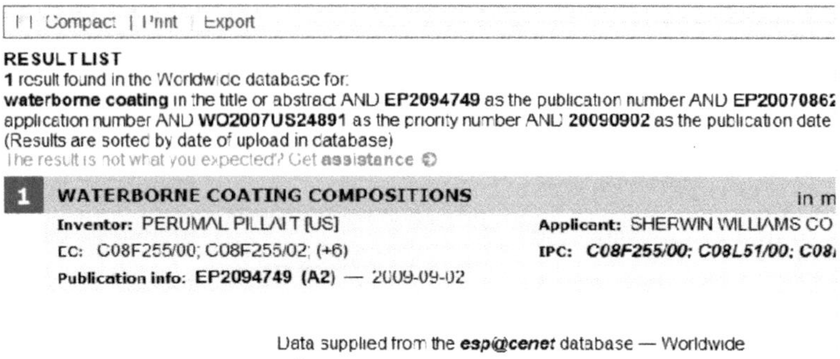

图 8-24　检索出的 waterborne coating 的专利文献

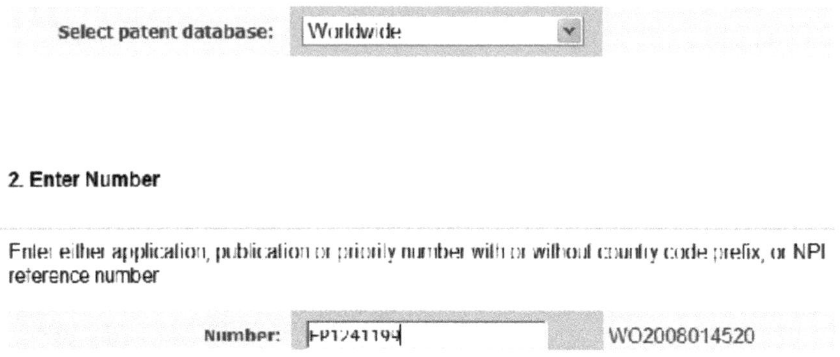

图 8-25　专利号检索主界面

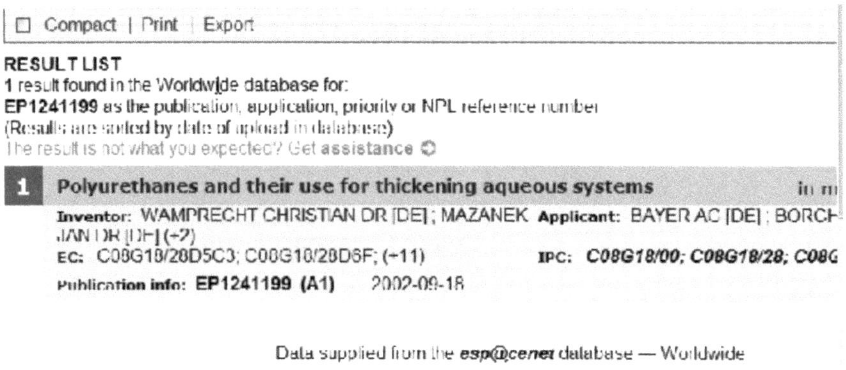

图 8-26　EP1241199 专利文献题目与摘要

四、世界知识产权组织

1. 世界知识产权组织简介

世界知识产权组织（World Intellectual Property Organisation，WIPO）是一个致力于促进使用和保护人类智力作品的国际组织，总部设在瑞士日内瓦，是联合国组织系统中的 16 个专门机构之一。它管理着涉及知识产权保护各个方面的 24 项国际条约，现今成员国有 184 个国家。该组织主要职能是负责通过国家间的合作促进对全世界知识产权的保护，管理建立在多边条约基础上的关于专利、商标和版权方面的 23 个联盟的行政工作，并办理知识产权法律与行政事宜。中国于 1980 年 6 月 3 日加入该组织，至 1999 年 1 月，中国共加入了该组织管辖的 12 个条约。

世界知识产权组织官方网站提供了可供检索的网上免费数据库，通过该数据库可以检索 PCT 申请公开、工业品外观设计、商标和版权的相关数据（网址：http://www.wipo.int/portal/index.html.en），通过国家知识产权局网站（网址：http://www.sipo.gov.cn/sipo/）链接也可进入。如进行检索专利，该检索系统提供四种检索方式：简单检索（Simple Search）；高级检索（Advanced Search）；结构化检索（Structured Search）；浏览每周公布的专利文献（Browsed by Week）。

2. 专利检索方法

点击 http://www.wipo.int/portal/index.html.en，即进入世界知识产权组织网站主页（见图 8-27）。

点击图 8-27 中的 Patent search，出现如图 8-28 所示的界面。

图 8-27 世界知识产权组织主页

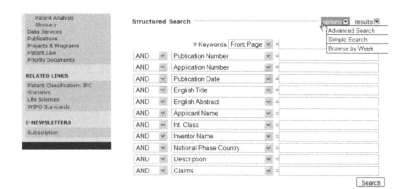

图 8-28　专利检索界面

图 8-28 中含 Structured Search 和 options 两个重要图标。点击图 8-28 中的 options 进行三种检索方式的切换（Advanced Search，Simple Search，Browse by Week）。

（1）简单检索（Simple Search）　简单检索仅提供一个检索输入框，在输入框输入检索的关键词；"Any of these words" 检索得到的文献包含任何一个输入的检索词汇；"This exact phrase" 输入的多个词汇作为一个短语进行检索（图 8-29）。

图 8-29　简单检索界面

如在图 8-29 中输入 N-羟甲基丙烯酰胺，可以得到与此相关的专利题目与摘要（图 8-30）。

继续点击图 8-30 中的题目，出现专利文献的详细资料（见图 8-31）。

简单检索中的输入框中也可以输入多个关键词，在词汇与词汇之间以空格间隔，也可用布尔算符号 OR（图 8-32）。

在检索输入框下方的下拉列表中可以选择所输入的多个词汇之间的关系，选择"All of these words"，检索得到的文献必须包含全部输入的检索词汇。

（2）高级检索（Advanced Search）　高级检索中，点击图 8-28 或图 8-29 中

```
Results of searching in PCT for:
N-methylolacrylamide: 8 records
Showing records 1 to 8 of 8:

[ Refine Search ]  N-methylolacrylamide

  Title                                          Pub. Date    Int. Class    App. Num
1 (WO 2007/138010) ORGANOSILICONE                06.12.2007   C08G 77/388   PCT/EP2007/0550
  COPOLYMERS
  The invention relates to organosilicone copolymers (O) obtained by radically polymerizing A1) ethylenically
  among N-methylolacrylamide (NMA), N-methylolmethacrylamide, N-methylolallylcarbamate, alkyl ethers c
  methylolacrylamide, N-methylolmethacrylamide, and N- methylolallylcarbamate, with A2) ethylenically uns
  among vinyl esters, (meth)acrylic acid esters, vinyl aromatics, olefins, 1,3-dienes, vinyl ethers, and vinyl ha
  monomers, and B) ethylenically monounsaturated or polyunsaturated polyorganosiloxanes in an aqueous me
```

图 8-30　N-羟甲基丙烯酰胺的专利文献

```
Latest bibliographic data on file with the International Bureau

Pub. No.:         WO/2007/138010          International Application No.:  PCT/EP2007/055C
Publication Date: 06.12.2007              International Filing Date:     25.05.2007
IPC:              C08G 77/388 (2006.01), C08F 283/12 (2006.01), C08G 77/442 (2006.01), C08L 51/08 (200
                  83/10 (2006.01), C09D 151/08 (2006.01), C09D 183/10 (2006.01)
Applicants:       WACKER CHEMIE AG [DE/DE], Hanns-Seidel-Platz 4, 81737 München (DE) (All Except I
                  MINGE, Oliver [DE/DE]; (DE) (US Only).
                  BALL, Peter [DE/DE]; (DE) (US Only).
                  KNEISSL, Andrea [DE/DE]; (DE) (US Only).
Inventors:        MINGE, Oliver; (DE)
                  BALL, Peter; (DE)
                  KNEISSL, Andrea; (DE).
Agent:            FRITZ, Helmut et al.; c/o Wacker Chemie AG, Hanns-Seidel-Platz 4, 81737 München (DE
Priority Data:    102006025668.9  01.06.2006   DE
Title:            (EN) ORGANOSILICONE COPOLYMERS
                  (DE) ORGANOSILICONCOPOLYMERE
Abstract:         (EN) The invention relates to organosilicone copolymers (O) obtained by radically polymeri
                  ethylenically unsaturated monomers selected among N-methylolacrylamide (NMA), N-
```

图 8-31　N-羟甲基丙烯酰胺的专利文献的详细资料

的 option，选择 Advanced Search，高级检索页面其检索输入格式：字段代码/字段内容，可通过点击右侧"Shortcuts"目录下的"Field codes"按钮进入检索字段说明显示页面（见图 8-33）。

高级检索页面可以通过逻辑算符和括号构建复杂的布尔逻辑表达式来进行检索。如在高级检索输入框中，输入所公布的两个授权专利号 WO/02/00157 or WO2002/00158 进行检索，出现如图 8-34 所示结果。

（3）结构化检索（Structured Search）　结构化检索中，可选择的检索字段有 28 个，输入窗口有 12 个。检索时，先选择检索的字段，然后在输入窗口输入检索内容，在左侧下拉窗口选择与检索字段之间的逻辑关系。如在结构化检索中，选择的检索字段为关键词与授权日期，则在输入窗口中分别输入内容为

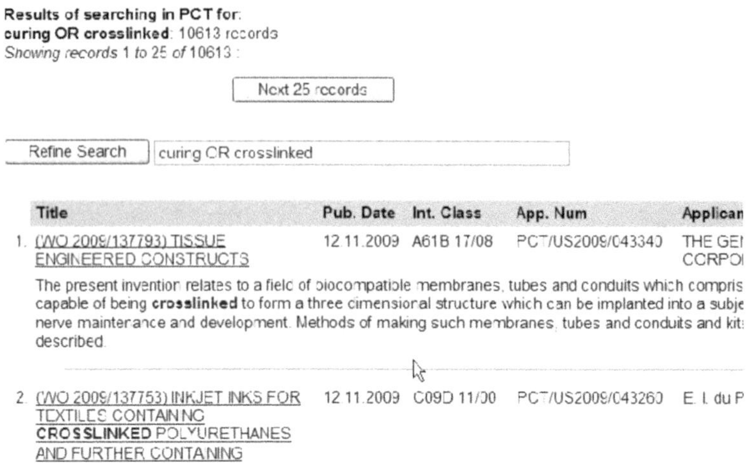

图 8-32　输入多个关键词的界面

Search International Patent Applications - Field Codes

FIELD CODE	FIELD NAME	EXAMPLE
WO	Publication Number	WO/02/00157 OR WO2002/00158
AN	Application Number	AN/PCT/DE03/01815 OR AN/FR2004/002712
ET	English Title	ET/needle OR ET/syringe
FT	French Title	FT/aiguille OR FT/seringue
JT	Japanese Title	
IC	International Class	IC/H04Q-7/22 OR IC/H04N-*
ABE	English Abstract	ABE/"hypodermic needle" OR ABE/syringe
ABF	French Abstract	ABF/"aiguille hypodermique" or ABF/seringue
ABJ	Japanese Abstract	
DE	Description	DE/needle AND DE/phonograph
CL	Claims	CL/needle OR CL/syringe
FP	Front Page Bibliographic Data	FP/hovercraft
DP	Publication Date	DP/19.02.1998 OR DP/1998.02.19
AD	Application Date	AD/22.10.2004 OR AD/2004.10.23
NP	Priority Number	NP/0312464
PD	Priority Date	PD/24.10.2003 OR PD/2003.10.25
PCN	Priority Country	PCN/FR
DS	Designated States	DS/US AND DS/DE

图 8-33　高级检索字段说明

curing 和 19.02.1998 OR 1998.02.19（见图 8-35）。

在图 8-35 中点击 Search，出现如图 8-36 所示界面。

（4）浏览每周公布的专利文献（Browsed by Week）　在周公报的专利文献栏目中，输入周数的周期时间（见图 8-37）。

在图 8-37 页面中显示最近以周期显示的公布文本。

（5）检索结果显示　无论上述四种检索中的哪一种检索，其检索结果都列于表页面上，显示该检索命中的文献数量，提示本页面仅显示前 25 件专利文献记录。点击“Next 25 records”可以显示另外 25 件专利文献（见图 8-38）。

Refine Search 按钮右侧显示检索词条，在此处也可输入检索内容，回车进

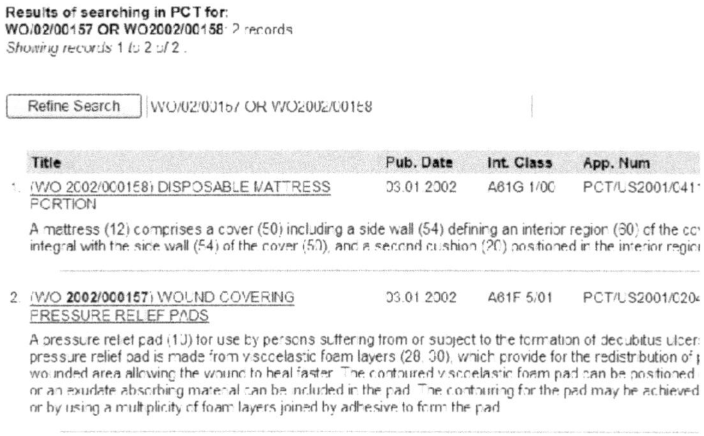

图 8-34 两个授权专利号的检索页面

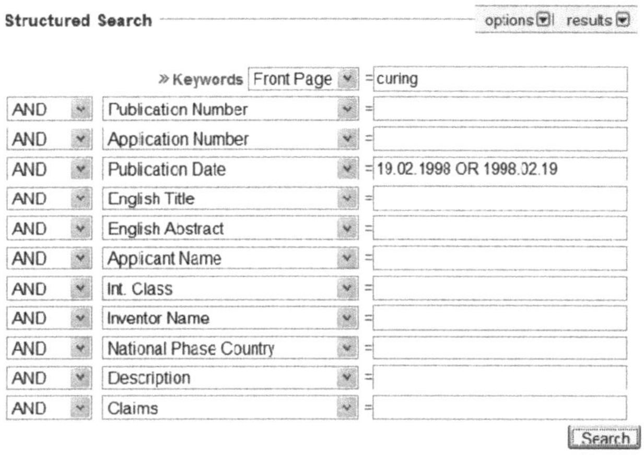

图 8-35 结构化检索界面

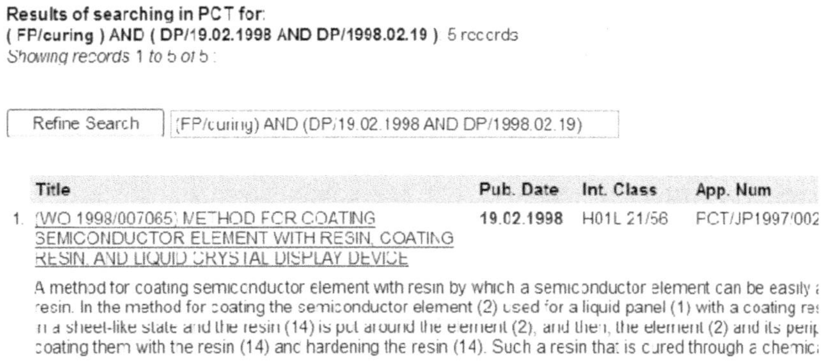

图 8-36 结构化检索结果

图 8-37 每周公布的专利文献的浏览结果

图 8-38 检索结果显示的页面

行检索。

按钮 Start At 的输入框可以输入一个数字，显示结果从输入的数字记录开始。如输入 18，则从 18 开始至 42 为本页面所显示的 25 条记录。

点击页面中文献的国际公开号和标题，即可进入该文献详细信息显示页面（见图 8-39）。

页面上部的一组按钮，可以依次显示著录项目数据、说明书的描述、权利要求书、进入国家阶段的情况、相关的通报、国际检索报告等文献。如浏览进入说明书的描述（见图 8-40）。

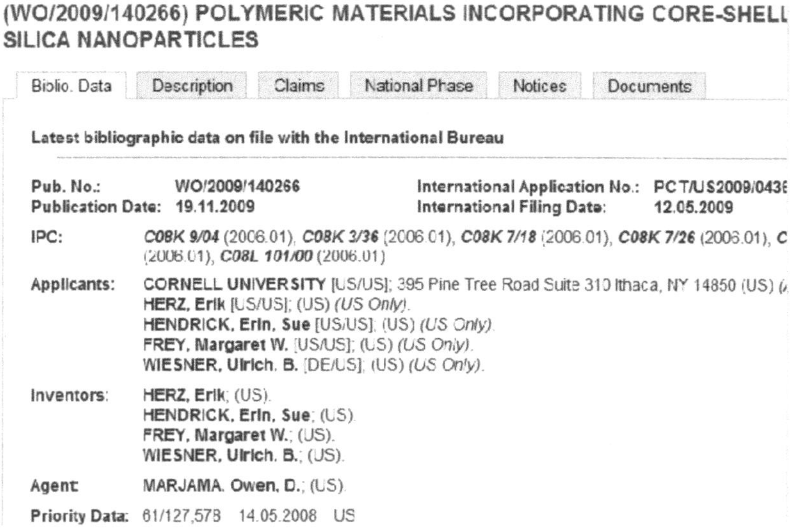

(WO/2009/140266) POLYMERIC MATERIALS INCORPORATING CORE-SHELL SILICA NANOPARTICLES

Biblio. Data | Description | Claims | National Phase | Notices | Documents

Latest bibliographic data on file with the International Bureau

Pub. No.: WO/2009/140266 **International Application No.:** PCT/US2009/043
Publication Date: 19.11.2009 **International Filing Date:** 12.05.2009

IPC: *C08K 9/04* (2006.01), *C08K 3/36* (2006.01), *C08K 7/18* (2006.01), *C08K 7/26* (2006.01), C (2006.01), *C08L 101/00* (2006.01)

Applicants: CORNELL UNIVERSITY [US/US]; 395 Pine Tree Road Suite 310 Ithaca, NY 14850 (US)
HERZ, Erik [US/US]; (US) *(US Only)*.
HENDRICK, Erin, Sue [US/US]; (US) *(US Only)*.
FREY, Margaret W. [US/US]; (US) *(US Only)*.
WIESNER, Ulrich, B. [DE/US]; (US) *(US Only)*.

Inventors: HERZ, Erik; (US).
HENDRICK, Erin, Sue; (US).
FREY, Margaret W.; (US).
WIESNER, Ulrich, B.; (US).

Agent: MARJAMA, Owen, D.; (US).

Priority Data: 61/127,578 14.05.2008 US

图 8-39　文献信息显示的页面

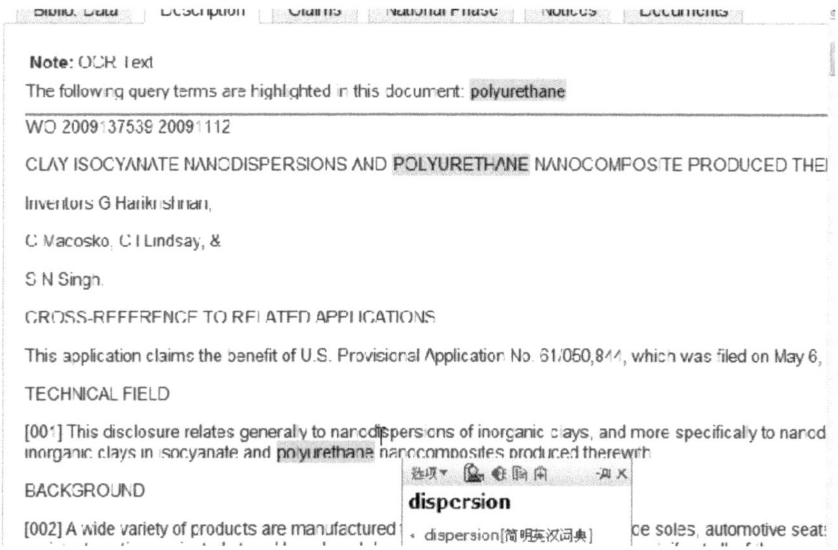

Biblio. Data | Description | Claims | National Phase | Notices | Documents

Note: OCR Text
The following query terms are highlighted in this document: polyurethane

WO 2009137539 20091112

CLAY ISOCYANATE NANODISPERSIONS AND POLYURETHANE NANOCOMPOSITE PRODUCED THE

Inventors G Harikrishnan,

C Macosko, C I Lindsay, &

S N Singh.

CROSS-REFERENCE TO RELATED APPLICATIONS

This application claims the benefit of U.S. Provisional Application No. 61/050,844, which was filed on May 6,

TECHNICAL FIELD

[001] This disclosure relates generally to nanodispersions of inorganic clays, and more specifically to nanod inorganic clays in isocyanate and polyurethane nanocomposites produced therewith

BACKGROUND

[002] A wide variety of products are manufactured … ce soles, automotive seat

图 8-40　专利说明书描述的页面

五、德温特专利检索体系

德温特专利检索体系简称德温特专利出版物（Derwent Patent Publication）。德温特专利出版物收录了世界知识产权组织主要成员国的专利文献，具有权威性，其刊物语言是英语。德温特专利出版物的总体结构分为索引、文摘两部分。

索引指专利权人索引，国际专利分类索引，专利号索引，登记号索引。文摘包括中心专利索引（实为文摘）；世界专利文摘杂志。

DII 数据库：DII 数据库即德温特创新索引（Derwent Innovations Index），该数据库将原来的德温特世界专利索引（WPI）与专利引文索引（PCI）加以整合。DII 数据库是世界上国际专利信息收录最全面的综合数据库，来源于世界上四十多个国家的专利信息，包括化学、电子与电气、工程三大类，数据库收录起始于 1963 年。DII 采用与 Web of Science 连接，可通过 Web of Science、Web of Knowledge 系统以及联机检索系统 Dialog 数据库和 STN 联机检索。

六、中国专利

1984 年 3 月我国颁布了专利法，1992 年又进行了修订，2000 年 8 月进行了第二次修订。

1. 中国专利文献

（1）专利文献代码说明

① 专利汉语拼音代码

专利类别	专利号前汉语拼音代码	表示内容
发明专利申请	GK	公开号
	SD	审定号
	ZL	专利号
实用新型	GG	公告号
外观设计	ZL	专利号

② 不同类别的说明书代码

编号前所标代码	编号后所标代码	说明书类别
CN	A	发明专利申请公开说明书
CN	B	发明专利申请审定说明书
CN	C	发明专利申请的专利说明书
CN	U	实用新型专利申请公开说明书
CN	R	实用新型专利申请专利说明书

三种专利的编号采用 8 位数，前两位数表示年代，第三位数用来区分三种不同的专利（1 为发明、2 为实用新型、3 为外观设计），后 5 位数表示申请流水号，CN 在号前，类别在号后。如：CN 89100213A、CN 91100243B。

（2）中国专利说明书　中国专利申请公开说明书是一种未经实质性审查也未授予专利权的申请说明书。中国专利法规定，对发明专利实行早期公开、延长审查制。图 8-41 是中国专利申请公开说明书的扉页，它包含申请人、发明人、题目、专利代理人、专利摘要等。

[19] 中华人民共和国国家知识产权局

[12] 发明专利申请公开说明书

[21] 申请号 200510019780.5

[51] Int. Cl.
C08G 18/61 (2006.01)
C08G 18/42 (2006.01)
C08G 18/72 (2006.01)
C08G 18/08 (2006.01)

[43] 公开日 2006 年 5 月 17 日

[11] 公开号 CN 1772785A

[22] 申请日 2005.11.11
[21] 申请号 200510019780.5
[71] 申请人 华中师范大学
地址 430079 湖北省武汉市武昌珞瑜路 100 号
[72] 发明人 朱传方 吴小峰 万 婷

[74] 专利代理机构 湖北武汉永嘉专利代理有限公司
代理人 张安国

权利要求书 2 页 说明书 4 页

[54] 发明名称
二羟基聚二烃基硅氧烷改性的水性聚氨酯的制备方法

[57] 摘要
一种二羟基聚二烃基硅氧烷改性的水性聚氨酯的制备方法。本方法是直接应用二羟基聚二烃基硅

图 8-41 中国专利说明书扉页

（3）中国专利文献 中国专利文献是由中国专利出版社出版发行。其专利文献主要包括：发明专利公报、实用新型专利公报和外观设计专利公报；发明专利申请公开说明书、发明专利说明书；实用新型专利说明书；专利年度索引。1985 年以纸质版出版发行，1987 年开始出版发行以缩微胶片为载体的公报和说明书的专利文献。1992 年开始出版发行中国专利文献的 CD-ROM 光盘出版物。

① 专利公报 《中国专利公报》可以分为三个部分：第一部分公告专利申请中记载的著录事项（如申请的名称、国际专利分类号、申请日、申请号、公开号或授权公告）和摘要及附图；第二部分是专利事务，记载与专利申请的审查及专利的法律状态有关的事项（如申请的撤回、专利权的撤销、专利权的无效宣告、专利权的终止、专利权的继承或转让等）；第三部分是索引，按 IPC（国际专利分类号）、专利号和专利权人编排三个索引。

② 发明专利申请公开说明书 《发明专利申请公开说明书》是一种对发明专利未进行实质性审查也未授权的专利申请说明书。

③ 发明专利说明书 《发明专利说明书》对所发明背景进行描述，公开发明的新技术新特点及专利保护的权限。

④ 专利年度索引 中国专利年度索引主要有：《中国专利索引——分类年度

索引》,按国际专利分类号的顺序排列,主要包括国际专利分类号、公开号、申请号、申请人、发明名称、发布该专利申请的专利公报的卷期号;《中国专利索引——申请人、专利权人年度索引》,它按申请人、专利权人名称的汉语拼音字顺排列,主要包括申请人、国际专利分类号、公开号、申请号、发明名称等;《中国专利索引——申请号、专利号索引》,由专利文献出版社于1991年起出版发行。

⑤ 中国专利分类文摘 《中国专利分类文摘》是通过对原专利文献重新加工的二次文献。它按 IPC 号 8 个部分分为八个分册。

2. 中国专利数据库

(1) 中国专利光盘数据库 《中国专利光盘数据库》光盘采用的检索系统为《中国专利光盘管理系统》,该系统提供多个检索字段(如公告号、申请号、公开号、发明人、发明人单位、申请日、授权日、国际专利分类号、本国专利分类号等),收录了 1985 年以来的全部专利文摘。

(2) 中国专利联机数据库 中国专利数据库(英文版)在 Dialog 系统中的文档号是 344,用户可直接通过 Dialog 系统查询。

(3) 中国专利信息网 中国专利信息网提供中国专利的检索及中国专利的各种信息(网址:http://www.patent.com.cn),读者可以通过上网进行查询。

(4) 中国专利文献数据库 中国专利文献数据库包含了中国专利局自 1985 年以来公布的所有发明专利与实用新型的专利申请,其内容包括题录、文摘等(网址:http://www.beic.gov.cn)。

3. 中国专利查询举例

(1) 通过中国专利信息网查询检索 输入中国专利信息网网址,在中国专利信息网主页中,点击专利检索栏目,注册并登录,即显示检索页面(见图 8-42)。

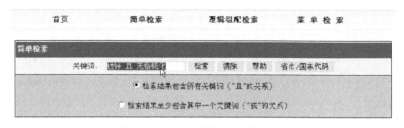

图 8-42 中国专利信息网检索页面

① 简单检索 图 8-42 检索页面中涉及专利检索的主菜单:简单检索、逻辑配组检索、菜单检索。

简单检索中在关键词的右框中输入需要检索的关键词,如果涉及两个关键词以上需在关键词间输入逻辑关系"且、或"。如需查找与镀锌无铬钝化的有关专利可在关键词的右框中输入镀锌"且"无铬钝化,点击"检索",则出现与此相关的专利条目(见图8-43)。

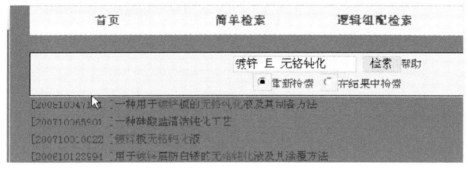

图8-43 镀锌无铬钝化的专利检索条目

点击图8-43中的专利条目,则出现该专利公开的申请说明书的摘要及发明人、公告号、申请号、申请人、授权日期等内容,如果要查找专利说明书全文,则可继续点击右下方的全文检索(见图8-44)。

图8-44 检索所需条目后的专利信息

② 逻辑组配检索 在逻辑组配检索项中,其检索字段涉及申请号、公开号、发明人、摘要等18个字段,可根据要求选择。另外,再选择申请日或公告日的时间范围。如下图中输入关键词后,选择了全部字段一栏及时间范围为1985年1月至2009年10月(见图8-45)。

点击图8-45中的检索,则出现所要检索的专利条目(见图8-46)。

③ 菜单检索 菜单检索界面图见图8-47。

按图8-47的各项要求输入,即可检索专利原始文献。

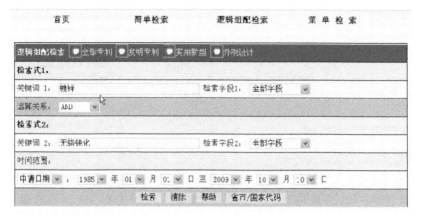

图 8-45　逻辑组配检索页面

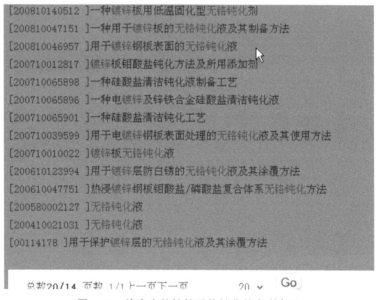

图 8-46　检索出的镀锌无铬钝化的专利条目

（2）通过中国专利技术网查询检索　检索中国专利还可通过中国专利技术网（网址：http://www.zlfm.com），打开中国专利技术网主页后，点击"专利检索"出现以下界面图（见图 8-48）。

如在专利权人中输入"华中师范大学"，点击"检索"出现华中师范大学所拥有的专利（见图 8-49）。

如果在发明人（见图 8-48）右框图填写发明人，则检索到该发明人所发明的专利（见图 8-50、图 8-51）。

第八章　专利

| 首页 | 简单检索 | 逻辑组配检索 | 菜单检索 |

菜单检索

申　请　号：		(8位数或12位) 例：93100001或200310120170
公　告　号：		(7位数) 例：1109760
公　开　号：		(7位数) 例：1197116
国际分类号：		例：A61K 35/78
公　开　日：		(8位数) 例：1998年10月28日，输入为19981028
公　告　日：		(8位数) 例：1998年10月28日，输入为19981028
授　权　日：		(8位数) 例：2004年06月16日，输入为20040616
国家省市：		
发明名称：		

图 8-47　菜单检索界面

A:申请（专利）号		B:申　请　日	
C:公 开（公告）号		D:公 开（公告）日	
E:名　　　称		F:摘　　　要	
G:主　分　类　号		H:分　类　号	
I:申请（专利权）人	华中师范大学	J:发 明（设计）人	
K:优　先　权		L:地　　　址	
M:专 利 代 理 机构		N:代　理　人	
P:国 省 代 码		Q:权 利 要 求 书	
R:说　明　书			

图 8-48　中国专利技术网主页

●发明专利(185)　●实用新型(11)　●外观设计(2)

	申请（专利）号	主分类号	名称
□	CN200910062262.X	B01J23/755(2007.01)I	一种可见光活性硼镍共掺杂二氧化钛固溶体催化剂及制
□	CN200910062010.7	C01B25/26(2006.01)I	弹簧状超结构Sn(HPO$_4$)$_2$·H$_2$O纳米盘的溶剂热法制备
□	CN200910062263.4	C07D487/04(2006.01)I	1,2,4-三唑并[1,5-a]嘧啶-2-乙基硫醚单取代衍生物的
□	CN200910062265.3	C07D487/04(2006.01)I	1,2,4-三唑并[1,5-a]嘧啶-2-乙基硫醚双取代衍生物的
□	CN200910062264.9	C07C225/22(2006.01)I	二苯甲酰甲烷衍生物的制备及其应用
□	CN200910062239.0	G06F17/30(2006.01)I	一种基于神经网络的中文问答系统
□	CN200910062730.3	H04L12/26(2006.01)I	一种对等网络应用流量识别方法
□	CN86100772	C07C50/28	2,3-二甲氧基-5-甲基-1,4-苯醌合成方法
□	CN86100773	G03C7/30	彩色照片上的蓝色灰雾污染的消除方法
□	CN86104776	C08F259/02	氯化聚丙烯—丙烯酸酯胶粘剂的合成

图 8-49　华中师范大学拥有的专利检索结果

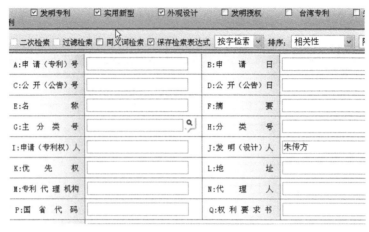

图 8-50 通过发明人检索

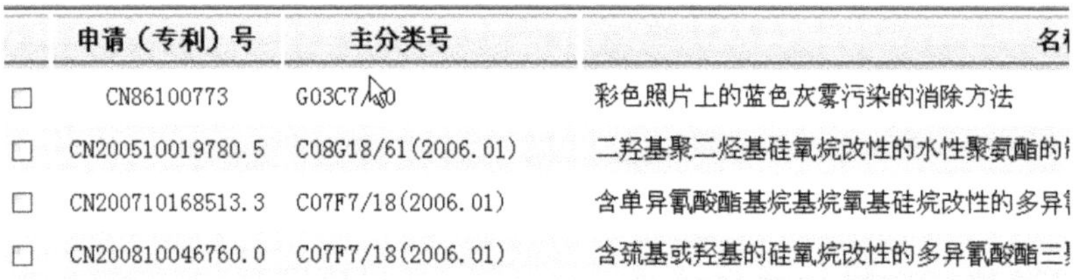

图 8-51 通过发明人检索出的专利条目

七、专利下载方法

1. 美国专利下载

在检索到美国专利号之后，可以登录网址 http://www.drugfuture.com/us-pat/us_patent.asp，进行美国专利的全文下载（图 8-52）。

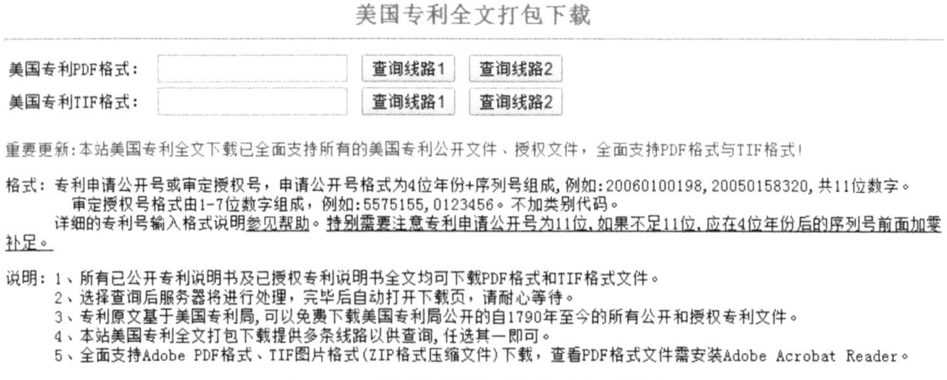

图 8-52 利用专利号下载美国专利全文

2. 欧洲专利下载

网址：http://www.drugfuture.com/eppat/patent.asp。

图 8-53 为利用专利号下载欧洲专利全文图例。

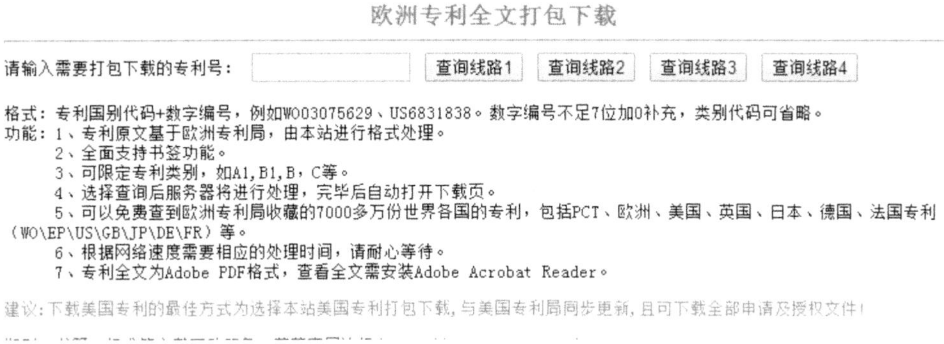

欧洲专利全文打包下载

请输入需要打包下载的专利号： [____] 查询线路1 查询线路2 查询线路3 查询线路4

格式：专利国别代码+数字编号，例如WO03075629、US6831838。数字编号不足7位加0补充，类别代码可省略。
功能：1、专利原文基于欧洲专利局，由本站进行格式处理。
　　　2、全面支持书签功能。
　　　3、可限定专利类别，如A1,B1,B,C等。
　　　4、选择查询后服务器将进行处理，完毕后自动打开下载页。
　　　5、可以免费查到欧洲专利局收藏的7000多万份世界各国的专利，包括PCT、欧洲、美国、英国、日本、德国、法国专利（WO\EP\US\GB\JP\DE\FR）等。
　　　6、根据网络速度需要相应的处理时间，请耐心等待。
　　　7、专利全文为Adobe PDF格式，查看全文需安装Adobe Acrobat Reader。

建议：下载美国专利的最佳方式为选择本站美国专利打包下载，与美国专利局同步更新，且可下载全部申请及授权文件！

图 8-53　利用专利号下载欧洲专利全文

3. 中国专利下载

网址：http://www.drugfuture.com/cnpat/cn_patent.asp。

图 8-54 为利用专利号下载中国专利全文图例。

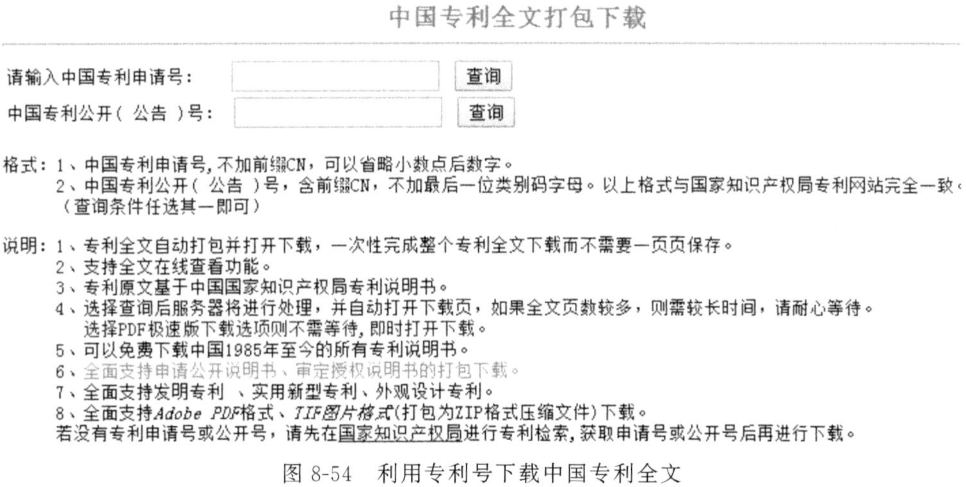

中国专利全文打包下载

请输入中国专利申请号： [____] 查询
中国专利公开（公告）号： [____] 查询

格式：1、中国专利申请号，不加前缀CN，可以省略小数点后数字。
　　　2、中国专利公开（公告）号，含前缀CN，不加最后一位类别码字母。以上格式与国家知识产权局专利网站完全一致（查询条件任选其一即可）。

说明：1、专利全文自动打包并打开下载，一次性完成整个专利全文下载而不需要一页页保存。
　　　2、支持全文在线查看功能。
　　　3、专利原文基于中国国家知识产权局专利说明书。
　　　4、选择查询后服务器将进行处理，并自动打开下载页，如果全文页数较多，则需较长时间，请耐心等待。
　　　　选择PDF极速版下载选项则不需等待，即时打开下载。
　　　5、可以免费下载中国1985年至今的所有专利说明书。
　　　6、全面支持申请公开说明书、审定授权说明书的打包下载。
　　　7、全面支持发明专利、实用新型专利、外观设计专利。
　　　8、全面支持Adobe PDF格式、TIF图片格式（打包为ZIP格式压缩文件）下载。
若没有专利申请号或公开号，请先在国家知识产权局进行专利检索，获取申请号或公开号后再进行下载。

图 8-54　利用专利号下载中国专利全文

表 8-2 为各国专利网站。

表 8-2　各国专利网站

类别	网址	支持语言
Austria(奥地利)	http://at.espacenet.com/	German(德语)
中国专利信息网	http://www.patent.com.cn/	Chinese(中文)
中国专利文献库	http://202.127.160.2/patent/	Chinese(中文)
中国知识产权局	http://www.cpo.cn.net/	Chinese(中文)

续表

类别	网址	支持语言
台湾地区专利检索	http://nbs.spipa.org.tw/	Chinese(中文)
世界知识产权组织	http://www.wipo.int/	English(英语)
世界PCT组织	http://www.wipo.int/	English(英语)
日本专利局	http://210.141.236.195/	Japanese(日语)
欧洲专利局(EPO)	http://www.epo.co.at/epo	English\German(德语)\French(法语)
Belgium(比利时)	http://be.espacenet.com/	French(法语) Dutch(荷兰语)
Bulgaria(保加利亚)	http://bg.espacenet.com/	Bulgarian(保加利亚语)
Cyprus(塞浦路斯)	http://cy.espacenet.com/	English(英语)
Czech Republic(捷克)	http://cz.espacenet.com/	Czech(捷克语)
Denmark(丹麦)	http://dk.espacenet.com/	Danish(丹麦语)
Estonia(爱沙尼亚)	http://ee.espacenet.com/	Estonian(爱沙尼亚语)
Finland(芬兰)	http://fi.espacenet.com/	Finnish(芬兰语)
France(法国)	http://fr.espacenet.com/	French(法语)
Germany(德国)	http://de.espacenet.com/	German(德语)
Hellenic Republic(希腊)	http://gr.espacenet.com/	Greek(希腊语)
Hungary(匈牙利)	http://hu.espacenet.com/	Hungarian(匈牙利语)
Ireland(爱尔兰)	http://ie.espacenet.com/	English(英语)
Italy(意大利)	http://it.espacenet.com/	Italian(意大利语)
Liechtenstein(列支敦士登)	http://li.espacenet.com/	French(法语) German(德语) Italian(意大利语)
Luxembourg(卢森堡)	http://lu.espacenet.com/	French(法语)
Monaco(摩纳哥)	http://mc.espacenet.com/	French(法语)
Netherlands(荷兰)	http://nl.espacenet.com/	Dutch(荷兰语)
Portugal(葡萄牙)	http://pt.espacenet.com/	Portuguese(葡萄牙语)
Romania(罗马尼亚)	http://ro.espacenet.com/	Rumanian(罗马尼亚语)
Slovakia(斯洛伐克)	http://sk.espacenet.com/	Slovakian(斯洛伐克语)
Slovenia(斯洛文尼亚)	http://si.espacenet.com/	Slovenian(斯洛文尼亚语)
Spain(西班牙)	http://es.espacenet.com/	Spanish(西班牙语)
Sweden(瑞典)	http://se.espacenet.com/	Swedish(瑞典语)
Switzerland(瑞士)	http://ch.espacenet.com/	French(法语) German(德语) Italian(意大利语)
Turkey(土耳其)	http://tr.espacenet.com/	Turkish(土耳其语)
United Kingdom(英国)	http://gb.espacenet.com/	English(英语)

思 考 题

1. 专利的性质及保护内容主要有哪些？
2. 申请专利必须考虑哪些因素？

3. 专利的扉页主要包括哪些内容,专利主要由哪几个部分组成?
4. 最常用的专利文献有哪几种?请叙述从网上查阅这些专利文献的方法。
5. 请从中国专利期刊网上查找两篇有关水性涂料的专利。
6. 请从 EP 免费专利网上查找两篇有关丙烯酸酯聚合物的专利。
7. 通过美国专利商标网站查找出 2009 年关于聚氨酯纳米材料制备的相关专利。

第九章　Web 资源

1. Google 学术搜索

　　Google 学术搜索是一个可以免费搜索学术文章的 Google 网络应用。2004 年 11 月，Google 第一次发布了 Google 学术搜索的试用版。该项索引包括了世界上绝大部分出版的学术期刊，是可广泛搜索学术文献的简便方法。您可以从一个位置搜索众多学科和资料来源：来自学术著作出版商、专业性社团、预印本、各大学及其他学术组织的经同行评论的文章、论文、图书、摘要和文章。Google 学术搜索可帮助您在整个学术领域中确定相关性最强的研究。网址：http://scholar.google.com/。图 9-1 为 Google 学术搜索登录界面。

图 9-1　Google 学术搜索登录界面

2. 维基百科

　　维基百科是一个内容自由、任何人都能参与、并有多种语言的百科全书协作计划。目标是建立一个完整、准确和中立的百科全书。所有文字内容在 CC-BY-SA-3.0 协议下发布，任何人都可以在该协议条款的要求下自由使用这些内容。网址：http://www.wikipedia.org/。图 9-2 为利用维基百科查询相转移催化剂的相关信息。

3. PubMed

　　PubMed 是一个免费的搜寻引擎，提供生物医学方面的论文搜寻以及摘要。它的数据库来源为 MEDLINE。其核心主题为医学，但亦包括其他与医学相关的领域，如护理学或者其他健康学科。它同时也提供对于相关生物医学资讯上相当全面的支援，如生化学与细胞生物学。该搜寻引擎是由美国国立医学图书馆提

图 9-2 利用维基百科查询相转移催化剂的相关信息

供,作为 Entrez 资讯检索系统的一部分。PubMed 的资讯并不包括期刊论文的全文,但可能提供指向全文提供者(付费或免费)的链接。网址:http://www.ncbi.nlm.nih.gov/pubmed。图 9-3 为 PubMed 高级检索页面。

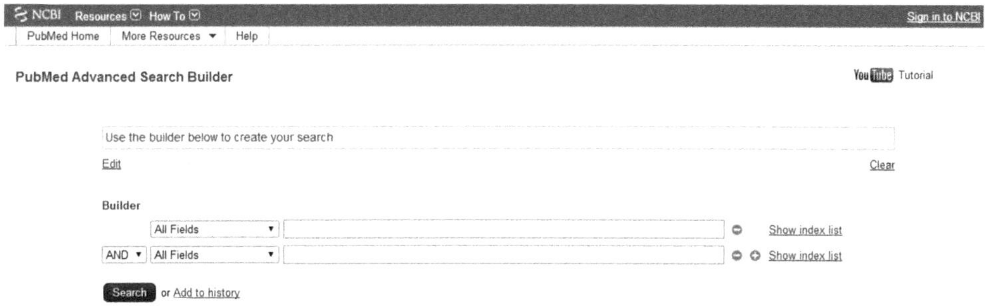

图 9-3 PubMed 高级检索页面

PubMed 是因特网上使用最广泛的免费 MEDLINE,是美国国家医学图书馆(NLM)所属的国家生物技术信息中心(NCBI)于 2000 年 4 月开发的,基于 Web 的生物医学信息检索系统,它是 NCBI Entrez 整个数据库查询系统中的一个。PubMed 界面提供与综合分子生物学数据库的链接,其内容包括 DNA 与蛋白质序列、基因图数据、3D 蛋白构象、人类孟德尔遗传在线,也包含着与提供期刊全文的出版商网址的链接等。

PubMed 系统的特征工具栏提供辅助检索功能、侧栏提供其他检索如期刊数据库检索、主题词数据库检索和特征文献检索。提供原文获取服务免费提供题录和文摘,可与提供原文的网址链接,提供检索词自动转换匹配,操作简便、快捷。

PubMed 医学文献检索服务系统,其数据主要来源有 MEDLINE、OLD-MEDLINE、Record in process、Record supplied by publisher 等。数据类型有期刊论文、综述以及与其他数据库链接。

MEDLINE 收录 1966 年以来的包含医学、护理、兽医、健康保健系统及前临床科学的文献 1600 万余条书目数据（2005 年数据），记录的标记为［PubMed-indexed for MEDLINE］。这些数据来源于 70 多个国家和地区的 4800 多种生物医学期刊，近年数据涉及 30 多个语种，回溯至 1966 年的数据涉及 40 多个语种，90% 左右为英文文献，70%～80% 的文献有著者撰写的英文摘要。

In Process Citations 从 1996 年 8 月开始，每天收录由 MEDLINE 的期刊出版商提供的尚未经过规范化处理的数据，该库中的记录只具有简单的书目信息和文摘，记录标记为［PubMed-in process］。当该库中数据被标引 MeSH 词、文献类型及其他数据时，每星期转入 MedLine 一次，而被处理前的数据从该数据库中删除。

OLDMEDLINE：含 1950 年至 1965 年期间发表的 200 万篇生物医学文献。OldMedline 的记录没有 MeSH 字段和摘要，记录的标记为［PubMed-OLD-MEDLINE for Pre1966］。

Publisher-Supplied Citations（Articles Not in MEDLINE or IN Process）是由出版商提供的电子文献，每条记录标有［PubMed-as supplied by publisher］。这些文献包括两种来源：MEDLINE 收录范围的文献，每日被添加到 In Process Citation 中去，换上［PubMed-in process］的标记，并赋予一个 MEDLINE 的数据识别号 UI；不属于 MEDLINE 收录范围的文献则只有 PubMed 数据识别号 PMID 而没有 MEDLINE UI。

4. 小木虫学术科研论坛

小木虫是中国最有影响力的学术站点之一。创建于 2001 年，会员主要来自国内各大院校、科研院所的博硕士研究生、企业研发人员，这里拥有旺盛的人气、良好的交流氛围及广阔的交流空间，已成为聚集众多科研工作者的学术资源、经验交流平台。内容涵盖化学化工、生物医药、物理、材料、地理、食品、理工、信息、经管等学科，除此之外还有基金申请、专利标准、留学出国、考研考博、论文投稿、学术求助等实用内容。内容涵盖化学化工、生物医药、物理、材料、地理、食品、理工、信息、经管等学科，除此之外还有基金申请、专利标准、留学出国、考研考博、论文投稿、学术求助等实用内容。网址：http://emuch.net/bbs/。图 9-4 为小木虫登录页面。

5. PLoS Journal（科学公共图书馆期刊）

成立于 2000 年，致力于推动全球科技和医学领域文献的免费获取。2002 年成立期刊编辑部，成为非营利性组织出版商。目前该组织共出版了 8 种期刊，所有期刊都是 OA 期刊，且均由同行专家严格评审，拒稿率达 90%。网址：http://www.plos.org/。

6. 开放获取课件

中国精品课程：由中国教育部评审出的部分示范性课程，由中国开放式教育

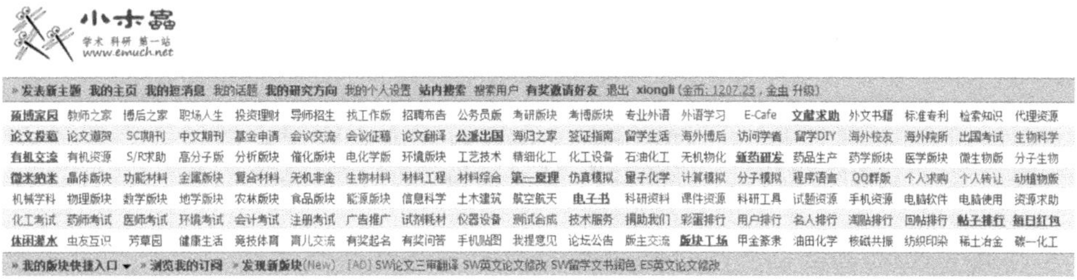

图 9-4 小木虫登录页面

资源共享协会推出,课件形式有网页、PDF 文件、动画或视频等多种形式,网址为 http://www.core.org.cn/；MIT 开放获取课件（MIT OpenCourseWare）网址为 http://ocw.mit.edu。

思 考 题

1. 常用 Web 资源有哪些?
2. Google 学术搜索可以搜索到哪些资源?

附录　重要的化学信息网

(1) 化学信息网（http://www.chinweb.com.cn/chin/CHIN Home C.htm）
主要包括下列条目：
Chemical Databases（化学数据库）；
How to Find Property Data（如何寻找物性数据）；
Chemical Manufacturers and Suppliers（化学品及其制造商与供应商目录）；
Chemical Software（化学软件，重点是免费化学软件）；
Electronic Conferences of Chemistry（Internet 上召开的化学类电子会议）；
Electronic Journals in Chemistry（Internet 上的化学类刊物的电子版，约 540 种）；
Meeting List in Chemistry（各种化学会议信息）；
Introductions to Chemical Mailing List（各种化学讨论组的介绍及加入方法）；
Patent Services and Information on Internet（专利信息和网上免费专利信息查询）；
Important News（重要的化学及科技新闻）；
Selected Publications（重要文章精选）；
Books（图书信息）；
Chemical organizations（化学类机构与学术团体信息）；
Information on Chemical Industry（化学工业信息）；
Links for Occupational Health and Safety（关于职业安全的重要节点）；
Links for Metallurgists and Materials Engineers（冶金及材料领域的重要节点）；
Other Selected Chemical Resources on Internet（其他 Internet 重要化学资源的链接）；
Search Engines for Internet Resources（Internet 资源搜索引擎精选）；
Chemical Resources and Services in China（中国化学化工资源及在线服务）；
What is ChIN?（关于 ChIN 的简介）、ChIN's Symposia（ChIN 系列学术会议的介绍）等。

(2) 国家科技资源网络服务系统（http://www.nstl.gov.cn）
网站上开通了外文科技期刊数据库、外文会议论文数据库、外文科技图书数据库、中文会议论文数据库和中文学位论文数据库等五个数据库。以文摘方式报道近万种外文期刊，特别是西方期刊上发表的论文，以及其他类型文献。

（3）中国石油和化工文献资源网（http://www.chemdoc.org.cn）

主要含下列数据库：

中外文馆藏目录数据库，收录中国化工信息中心中外文化学化工科技期刊和文献资料的馆藏情况；

外文馆藏期刊题录数据库，收录化学与化工及相关专业的国外和港台1000多种原版期刊信息数据，其中文摘数据占1/4以上；

中文馆藏期刊题录数据库，收录国内1000余种化学化工科技期刊文献，以题录形式建立数据库；

中国化学化工文摘数据库，以文摘形式报道我国公开发行的化学化工期刊1000余种，以及学位论文、专利文献等；

中文资料目录数据库，收录我国30多个石油化工专业研究院所的信息部门馆藏的内部资料；

国外文献精选数据库，对中国化工信息中心收藏的重要国外化学化工及相关学科文献资料、专题报告、手册和国际会议资料等提供中文摘要；

化工专利数据库，收录自1985年以来公开的专利申请和授权的专利公告；

国际化工信息库，跟踪监测世界化学工业最新发展动态。

（4）中国化工信息网（http://www.cheminfo.gov.cn）

中国化工信息网按照信息类型分为石油化工、化工市场、化工科技、化工专题、化工期刊五大类。

石油化工，主要报道国内外最新化工、石化及相关行业的要闻信息、动态信息等；

化工市场，主要提供同市场有关的国内外价格信息、企业信息、产品信息，全面反映化工产品市场动向；

化工科技，主要获取或追溯国内化工和相关科技的1000多种期刊文摘、科技成果、专利信息等；

化工专题，主要收录各专业的焦点新闻、专题报道、市场分析和预测等。有机化工信息、无机化工信息、精细化学品信息、农用化学品信息、塑料信息和橡胶信息等；

化工期刊，600余种化工及相关科技期刊的电子版。

（5）中国期刊网（http://www.cnki.net）

中国期刊网收录了我国正式出版的自然科学、工程技术、人文社科类核心和专业特色中英文全文期刊近5000多种和题录期刊1600多种，分理工A（数理科学）、理工B（化学化工能源与材料）、理工C（工业技术）、农业、医药卫生、文史哲、经济政治与法律、教育与社会科学、电子技术与信息科学九大系列，

126个专题文献数据库。其中理工 B（化学化工能源与材料）辑收录期刊660种，基本囊括了我国正式出版的化学化工期刊。

（6）重庆维普资讯公司（http：∥www.tydata.com／）

《中文期刊数据库》1989年开始收录出版期刊7000余种和2000年后出版期刊10000种以上；

《外文期刊数据库》收录1995年以来出版的外文期刊8000种以上，文献语种以英文为主，每年收录文献60万～80万篇；

《维普报讯》收录1992～1999年出版报纸400种和2000年以后出版报纸1000余种，以及数百种信息类刊物。

（7）中国科学院文献情报系统公共查询目录（http：∥www.slas.ac.cn）

（8）全国中西文期刊联合目录查询（http：∥www.slas.ac.cn）

（9）中国科学院的机读目录（http：∥www.las.ac.cn）

（10）其他的化学方面的 www 网址

Elsevier Science http：∥www.elsevier.com 主要查找有关化学期刊

威廉数据库 http：∥www3.interscience.wiley.com／主要查找有关化学期刊

Springer.lib 数据库 http：∥springer.lib.tsinghua.edu.cn 主要查找有关化学期刊

Chemistry Education Resource Shelf　http：∥ www.umsl.edu／divisions／artscience／chemistry

化学教学资源网 http：∥go5.163.com／shuqili／

化学教育网站 http：∥cn.geocities.com／gjw_cn2000／hxwz.htm

国家教育科研网 http：∥www.edu.cn

化学教学与研究 http：∥home.cfe21.com／gtxxj／

化学信息网-A http：∥chin.icm.ac.cn／

化学信息网-B http：∥www.chinweb.com.cn

化学之家 http：∥www.home.etang.com／chemhome

化学世界 http：∥www.chemiworld.163.net

英文版化工检索网 http：∥www.chemindustry.com

中国科技网 http：∥www.cstnet.net.cn

化工热线 http：∥www.chemol.com.cn／data／fenlei.asp？leibie＝e

化工科技网站 http：∥www.cpcp.com.cn／hgkjwz／

中国化学化工网 http：∥www.sinocnet.com／newsphp／shownews.php？index＝7

化学资源 http：∥info.jlu.edu.cn／～hxzx／xinxi／ziyuan8.htm

化工专业网站 http：∥www.tjip.net／lianjie／chemistry.htm

中国石油和化工文献资源网 http：∥www.chemdoc.com.cn

化学之门（专业导航）http://www.chemdoor.com
中国化工信息网 http://www.cheminfo.gov.cn/asp/home
化工装备网 http://www.chem-plant.com
中国化工在线 http://www.chemsina.com
化学世界 http://www.chemiworld.163.net
全国中毒控制中心网 http://www.npcc.org.cn/
中国精细化工网 http://www.china-finechem.com.cn
中国化工安全信息网 http://www.china-finechem.com.cn
中国高新化工网 http://newchems.com
中国科学院 http://www.cashq.ac.cn
中国科学院文献情报中心 http://www.las.ac.cn
中国科学院科技文献全文数据库 http://www.mangoes.icm.ac.cn
国家科技图书文献中心 http://www.nstl.gov.cn
中国科技资源导航 http://www.cncodata.ac.cn
国家科技资源网络服务系统 http://www.nstl.gov.cn
中国发明专利信息网 http://jiansuo.com
国家高技术发展研究计划 http://www.863.org.cn
国家自然科学基金委员会 http://www.nsfc.gov.cn/CHINESE.asp
全球环保站点 http://www.chinamsh.com/wlzy/qqhbzd.htm
环保网 http://www.nczl.com/links/huanbao.asp
化学软件网 http://www.liv.ac.uk/chemistry/links/links.htm

参 考 文 献

[1] 王源. 现代化学文献检索. 上海：上海科学技术文献出版社，1999.
[2] Wolman Y. Chemical Information：A Practical Guide to Utilization. New York：John Wiley & Sons，1983.
[3] Wiggins G. Chemical Information Sources. New York：McGraw-Hill Inc，1991.
[4] 陈衡. 科学研究的方法论. 北京：科学出版社，1987.
[5] 王正烈等. 化学化工文献检索与利用. 北京：化学工业出版社，2004.
[6] 刘玉珠. 化学化工文献的检索途径与方法. 管理科学，2008，37（3）.
[7] 马桂君. 化学文献情报检索的方式与获取途径. 内蒙古图书馆工作，2006（6）.
[8] 齐忠恩. 化学化工文献检索. 北京：化学工业出版社，1995.
[9] 刘静一等. 联机计算机图书馆中心数据库检索及服务研究. 图书情报论坛，2009（3）.
[10] 林铁莉，胡娟. 利用 DII 数据库检索专利文献. 现代情报，2005（5）.
[11] 雒虹等. 国外文献数据库被子引的检索方法概述. 现代图书情报技术，2005（5）.
[12] Carol C. Teaching and Using Chemical Information：an Updated Bibliography. Journal of Chemical Education，1993，70（9）.
[13] Ostettler John D，Wolfe Michele B. A Brief Introduction to the Chemical Literature with a Bibliography and Exercises. Journal of Chemical Education，1984，61（7）.
[14] 沈固朝，华薇娜，崔旭. 网络信息方法检索：工具·方法·实践. 北京：高等教育出版社，2004.
[15] 久吉明，孙齐庆. 文献检索与知识发现指南. 上海：华东理工大学出版社，2010.
[16] 盛彧欣，李兰燕，毛雪石. Reaxys 与 SciFinder 数据库对比分析. 医学信息学杂志，2012，11：57-69.
[17] 孙君，杨毓丽，夏立娟. Reaxys 数据库的功能提升与检索技巧. 图书馆学刊，2011，08：106-108.
[18] 宋玉梅. Reaxys 的检索及特点. 现代情报，2011，10：151-156.
[19] Elsevier 公司. Reaxys training materials. 2013.
[20] 李国辉，汤大权，武德峰. 信息组织与检索. 北京：科学出版社，2003.
[21] 余向春. 化学化工信息检索与利用. 第 3 版. 大连：大连理工大学出版社，2008.
[22] 曹彩英，左惠凯. 化学化蕉息检索与利用. 北京：海洋出版社，2008.
[23] 李一梅，罗时忠，王银玲. 化学化工文献信息检索. 合肥：中国科学技术大学出版社，2012.
[24] ［德］约翰·加斯泰格尔，托马斯·罗格尔编著. 化学信息教程. 梁逸曾，徐峻，姚建华等译. 北京：化学工业出版社，2005.